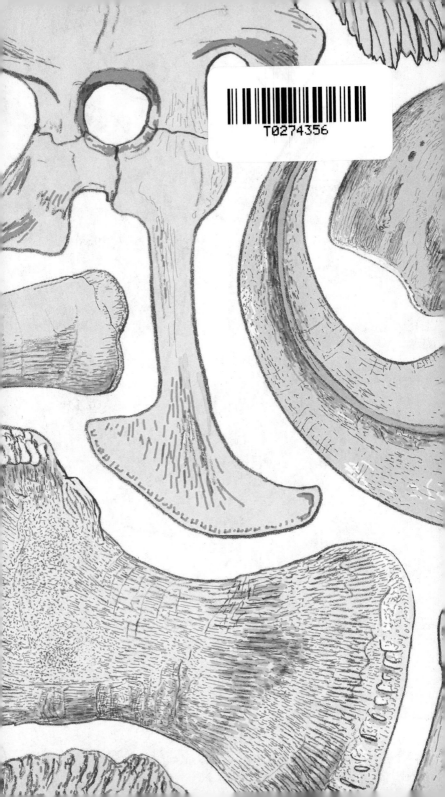

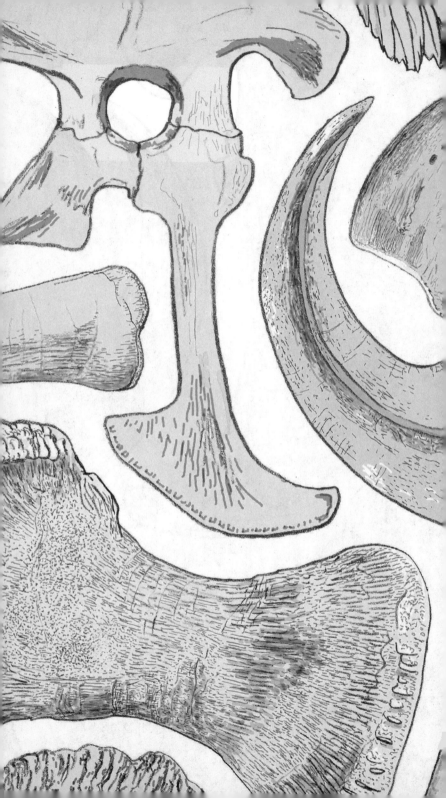

Dinopedia

Dinopedia

**Un compendio breve
del mundo dinosáurico**

Darren Naish

Traducido por: Santiago Rosas Campuzano
Diseño de interiores: María Elizabeth Estrada Morga

Créditos de portada: Chris Ferrante
Adaptación de portada: Erik Pérez Carcaño
Ilustración de portada: Darren Naish
Ilustraciones en interiores: Darren Naish

Derechos reservados

© 2024, Ediciones Culturales Paidós, S.A. de C.V.
Bajo el sello editorial PAIDÓS M.R.
Avenida Presidente Masarik núm. 111,
Piso 2, Polanco V Sección, Miguel Hidalgo
C.P. 11560, Ciudad de México
www.planetadelibros.com.mx
www.paidos.com.mx

Primera edición en formato epub: septiembre de 2024
ISBN: 978-607-569-794-9

Primera edición impresa en México: septiembre de 2024
ISBN: 978-607-569-698-0

Impreso en los talleres de Impregráfica Digital, S.A. de C.V.
Av. Coyoacán 100-D, Valle Norte, Benito Juárez
Ciudad de México, C.P. 03103
Impreso en México - *Printed in Mexico*

Prefacio

Para ser un grupo de animales que se extinguieron hace 65.5 millones de años, los dinosaurios (bueno, me refiero a los dinosaurios no aviares... sigue leyendo) tienen un lugar importante en nuestra imaginación. Aunque se dice que su popularidad ha sido cambiante, pues se relaciona con las franquicias de películas o los programas de televisión, como alguien que se ha involucrado a fondo en libros sobre el tema, exhibiciones, ficción popular e investigación científica, defiendo que los dinosaurios son —y serán— un interés permanente y constante que nunca desaparecerá.

¿Y por qué existe esta conexión entre humanos y dinosaurios? Creo que la respuesta es compleja y no es fácil de resumir, pero lo intentaré. Sí, por lo general, los dinosaurios eran grandes; además, asombran a muchas personas por su tamaño, aparente ferocidad y vaga similitud con arquetipos mitológicos, como los dragones. Sin embargo, también eran animales; animales aerodinámicos con rasgos elegantes, caras estéticas, cuerpos decorados con crestas, espinas u otros adornos; sus brazos eran musculosos, con garras parecidas a ganchos de carne, y sus piernas, grandes como columnas. Esta combinación de características hace de los dinosaurios animales atractivos y vistosos tan fascinantes como los grandes felinos, osos, dragones de Komodo, peces gigantes o ballenas (animales por los que los humanos también sienten una evidente atracción). Esta es la base de mi argumento: nos gustan los dinosaurios porque, francamente, son asombrosos.

Sin embargo, los dinosaurios son más que simples animales atractivos e interesantes que a menudo captan nuestra atención. Verás, los dinosaurios eran superanimales. No se necesita ser paleontólogo, anatomista o científico calificado para mirar el esqueleto de un saurópodo, un *Triceratops* o un *Tyrannosaurus* y darse cuenta de que eran verdaderamente extraordinarios. Sus extremidades, por lo general enormes y largas, muestran que eran veloces, musculosos y poderosos; poseían una constitución semejante a la de los mamíferos gigantes o a la de las grandes aves, pero con un aspecto reptiliano. La forma de sus cuellos y cráneos demuestra un carácter activo, que poseían sentidos agudos y facilidad para encontrar y triturar alimentos. Además, las enormes dimensiones de su cavidad corporal, así como el tamaño y la anchura de sus escápulas y caderas, seguramente se relacionan con una gigantesca fuente de energía metabólica para esas mandíbulas enormes, extremidades poderosas y cola musculosa. Los osos, tigres, cocodrilos gigantes, dragones de Komodo, elefantes y rinocerontes son animales asombrosos, pero —lo seguiré diciendo— los dinosaurios son sencillamente extraordinarios. Son superiores a cualquiera de los animales vivos más formidables y, en efecto, son más grandes que los organismos que podemos observar en el mundo moderno… bueno, las ballenas gigantes podrían acercárseles, pero pertenecen al reino oceánico, no al terrestre. Este es el segundo nivel de mi argumento: los dinosaurios nos gustan porque son *superanimales*; aventajan, por mucho, a las criaturas vivas cuando se trata de mecánica, poder y habilidades.

En el mundo moderno, los grandes animales —felinos, cocodrilos, elefantes y las otras criaturas que he mencionado— están en problemas. Su mundo se reduce a medida que se los arrebatamos; son pocos y cada vez menos. La mayoría somos conscientes de esto, nos entristecemos y nos es difícil imaginar un futuro brillante para estas criaturas. Los animales del profundo pasado geológico, por supuesto, habitaban un mundo libre de humanos. Por tanto, cuando se piensa en ellos como criaturas vivas, no solo se experimenta culpa, tristeza y preocupación, sino que también es posible imaginar las vastas tierras salvajes de las que formaban parte. Este es el tercer nivel de mi argumento. Creo que todas las personas tienen una fascinación innata por los paisajes verdaderamente inhóspitos y por el concepto de una frontera natural e ininterrumpida: una naturaleza virgen inalterada por la acción humana. El hecho de que estos espectaculares y asombrosos animales se agruparan en grandes manadas, lucharan por su derecho de reproducción, mataran, comieran, cazaran, se aparearan, sobrevivieran, prosperaran, crecieran, vivieran y murieran en un mundo caótico, indómito y libre de humanos, en bosques ininterrumpidos, vastos pantanos y deltas, y llanuras y desiertos más grandes que cualquier cosa que pudiéramos presenciar hoy en día es una idea fascinante y perdurable; no considero que sea trivial.

En cuarto y último lugar, los dinosaurios están en el centro de todo tipo de preguntas y controversias. Por supuesto, existen debates académicos sobre sus orígenes, patrones de distribución, la forma de su árbol genealógico, entre otros temas, pero también hay áreas de discusión y argumentación que cualquiera puede seguir: ¿cómo vivía el *T. rex*?, ¿cuál era la apariencia de los dinosaurios cuando estaban vivos?, ¿de qué color eran?, ¿qué ruidos hacían?, ¿por qué se extinguieron? Se pregunta más sobre los dinosaurios que sobre cualquier otro grupo de animales; es por ello que el último nivel de mi argumento es que, en parte, nos sentimos atraídos por estos animales porque han sido —y siempre serán— el origen de un número extraordinario de preguntas verdaderamente interesantes. Y eso es algo bueno: los dinosaurios son embajadores de la ciencia; atraen a las personas a los museos y fomentan su interés por cómo estudiamos y entendemos el mundo natural.

En suma, ¿por qué son populares los dinosaurios? Porque tienen un aspecto *cool*; porque son impresionantes en todo el sentido de la palabra; porque dominaron una vasta, caótica y compleja naturaleza salvaje, y porque son el origen de un sinfín de preguntas realmente interesantes.

Mi enfoque sobre este libro cambió varias veces mientras lo escribía. Mi intención inicial era escribir una guía sobre cómo ha evolucionado nuestra percepción de los dinosaurios de acuerdo con las representaciones de la cultura popular. Nuestro entendimiento de la vida antigua está moldeado, en gran parte, por las manifestaciones artísticas, las exhibiciones de los museos y los libros. Como dedicado coleccionista de literatura y testigo de la época más formativa de nuestra comprensión moderna de los dinosaurios (desde finales de la década de los setenta hasta principios de los noventa), quería demostrar que nuestra interpretación del mundo de los dinosaurios tiene su origen en los libros, artículos de revistas, obras de arte y producciones cinematográficas de esos tiempos. Partes de este texto tratarían sobre los autores, artistas, libros y exposiciones representativos de ese periodo y se discutiría cómo ha cambiado nuestra percepción de los dinosaurios en cuanto a cómo se representan, imaginan y describen.

Si bien parte de ese material permaneció en este libro, fue reducida de manera gradual, en gran medida porque necesitaba centrarlo en los propios dinosaurios. Por ejemplo, no podía hablar sobre el impacto de las representaciones artísticas del terópodo abelisáurido *Carnotaurus* sin abordar las discusiones sobre los abelisáuridos y los terópodos. Al final, lo que prevaleció fue mi necesidad de brindar una adecuada cobertura a los grupos de dinosaurios.

Sin embargo, cuando me dispuse a escribir sobre grupos de dinosaurios, no pude dejar de pensar que la concepción acerca de su estructura, ubicación en el árbol de la vida y relación con otros grupos también ha cambiado sustancialmente a través del tiempo. Entonces me propuse contar esta historia, describir los giros y vueltas de nuestra comprensión de la evolución de los dinosaurios, así como de los diferentes conceptos y modelos en la siguiente versión del libro. Sin embargo, esto resultó demasiado complejo y técnicamente inabordable. Tal volumen necesita escribirse y espero poder hacerlo algún día.

El resultado final es, con suerte, una inmersión bastante profunda —y espero que agradable— en la diversidad general de los dinosaurios. Aunque no es exhaustiva, pues tendría que escribir un libro mucho más extenso para lograrlo, mi cobertura es lo suficientemente representativa para proporcionar al lector una visión justa de la diversidad, la biología y la historia de los dinosaurios.

Sin embargo, tuve que obviar gran parte de la información sobre diversas áreas, por lo cual las veremos ahora mismo de manera breve. Excluyendo a las aves, que abordaré más adelante, los dinosaurios fueron animales de la era mesozoica, un periodo que inició hace 251 millones de años y terminó hace 66 millones de años. El Mesozoico fue precedido por el Paleozoico y sucedido por el Cenozoico. Se subdivide, a su vez, en tres periodos: el Triásico (de 251 a 201 millones de años atrás), el Jurásico (de 201 a 145 millones de años atrás) y el Cretácico (de 145 a 66 millones de años atrás). Los dinosaurios se originaron y experimentaron una diversificación evolutiva durante el Triásico, dominaron la vida en tierra durante el Jurásico y se extinguieron al final del Cretácico.

Los periodos se clasifican generalmente en subdivisiones: temprano, medio y tardío; sin embargo, el Cretácico carece de un «medio» porque sus sedimentos no fundamentan su reconocimiento. Los periodos también se dividen en segmentos de tiempo más cortos que se denominan etapas. Estas duraron, en promedio, cinco millones de años. Las especies y géneros de dinosaurios tienden a ser únicos para las etapas, por lo que, en discusiones técnicas, es común asociar a un dinosaurio con una etapa en lugar de con un periodo. *Tyrannosaurus* y *Triceratops*, por ejemplo, son animales del Maastrichtiano, la etapa final del Cretácico tardío. Los nombres de las etapas los conocen solo los especialistas, así que en este libro he evitado usarlos, aunque no completamente.

¿Cómo era el mundo durante los 185 millones de años del Mesozoico? Muchas cosas cambiaron, por lo que es difícil generalizar. Cuando los dinosaurios surgieron, los continentes formaban el supercontinente Pangea, el cual estaba rodeado por un vasto océano llamado Pantalasa. Pangea no fue una especie de «estado ancestral» de los continentes del mundo. De hecho, los continentes ya habían chocado, se habían separado y habían vuelto a chocar varias veces. Durante el Jurásico, Pangea se dividió en el continente del norte, Laurasia, y el continente del sur, Gondwana. El mar que los separaba era el Tetis. La existencia de estas dos masas de tierra resultó en la evolución de dos faunas distintas de dinosaurios: las del norte y las del sur. Pangea había estado dominada por condiciones áridas y enormes desiertos, pero el mundo posterior a su separación era más húmedo, tenía bosques más extensos y estaciones más marcadas.

La historia global del Jurásico y el Cretácico estuvo definida por el hecho de que estas dos masas de tierra, a su vez, se separaron gradualmente. Gondwana se dividió en dos a medida que el Atlántico Sur comenzó a formarse. India, Madagascar, África, Sudamérica y Australasia tomaron caminos separados y algunos territorios eventualmente chocaron con los continentes del norte. Laurasia también se dividió a medida que América del Norte y Eurasia comenzaron a separarse, aunque esto no ocurrió completamente sino hasta después del Cretácico. Estos cambios resultaron en un mundo más «provincial», fresco y estacional donde los grupos de animales se restringieron a una masa de tierra específica de manera paulatina. Las corrientes oceánicas mundiales se mezclaron con mayor frecuencia y se desarrollaron mares más fríos tanto en el norte como en el sur.

El mundo del Cretácico tardío lucía relativamente moderno en algunos lugares, pues había grupos de plantas y climas no muy diferentes de los que hoy existen en las regiones subtropicales y templadas. Los modelos climáticos y la evidencia de plantas y sedimentos muestran que los polos del mundo cretácico eran lo suficientemente fríos como para tener nieve y hielo estacionales, pero también eran cálidos como para permitir la existencia de grandes bosques. Los dinosaurios habitaron estos lugares a pesar del frío invernal y de largos periodos de oscuridad polar. En ese sentido, es simplemente falso que los dinosaurios del Mesozoico vivieran todo el tiempo en condiciones cálidas, húmedas y tropicales.

¿Y dónde encajan los dinosaurios en el árbol de la vida? Los dinosaurios son parte del gran grupo de reptiles llamado Archosauria, también conocido como de los «reptiles gobernantes». Entre otras características, comparten con otros arcosaurios una cavidad adicional a cada lado del cráneo llamada *fenestra antorbital*; un gran sitio de fijación muscular en la superficie posterior del muslo y otros detalles. Al comienzo de su evolución, los arcosaurios se dividieron en dos linajes: uno sobrevive hoy en los cocodrilos y el otro, en las aves. Sin embargo, el linaje de los cocodrilos, denominado Crurotarsi o Pseudosuchi, abarca mucho más que a estos animales. Una variedad extraordinaria prosperó durante el Triásico y algunos de ellos no se parecían en absoluto a los cocodrilos; en realidad, lucían más como prototipos de los dinosaurios que finalmente los reemplazaron. Pero este libro no trata de ellos.

La estirpe de las aves, denominada Ornithodira, incluye una variedad de cuadrúpedos y bípedos pequeños y ligeros del Triásico, además de pterosaurios y dinosaurios. Los pterosaurios eran los primos con alas membranosas de los dinosaurios y no se detallan en este libro.

Los miembros más importantes, diversos y evolutivamente exitosos del linaje de las aves son los dinosaurios, un grupo que se originó hace unos 240 millones de años durante el Triásico y que ha sobrevivido hasta hoy. Aquí llegamos a un punto espinoso, pero de crucial importancia: las aves no solo son parientes de los dinosaurios, sino que son parte del grupo Dinosauria.

Sí, como los saurópodos y los estegosaurios, las aves son dinosaurios, del mismo modo que los primates y los murciélagos son mamíferos. De manera específica, las aves son parte del grupo de dinosaurios depredadores, correctamente llamados Theropoda, y son parientes cercanos de terópodos como *Oviraptor*, *Troodon* y *Velociraptor* (los cuales tenían todo el cuerpo emplumado y una apariencia muy parecida a la de las aves). La evidencia fósil que respalda esta propuesta es fenomenal y se aborda, igual que su descubrimiento, en varias secciones de este libro. En las últimas décadas ha sido más claro que las aves no son especiales ni únicas en relación con otros dinosaurios. Cuando las aves se originaron durante el Jurásico, eran simplemente uno de varios grupos de terópodos pequeños y emplumados similares; no fue sino hasta el Cretácico tardío —alrededor de cien millones de años después de su origen— que se volvieron inusuales por su tamaño (en promedio pequeño), mandíbulas desdentadas cubiertas de cuernos; extremidades anteriores y huesos pectorales notablemente modificados, y un esqueleto de cola reducido. Ignorar o minimizar el hecho de que las aves son parte de la radiación de los dinosaurios sería un autoengaño. Saber esto no solo es interesante desde un punto de vista *nerd*, sino que es importante para imaginar la historia evolutiva y la diversidad de la vida. Permíteme enfatizar esto: reconocer que las aves son dinosaurios es crucial si queremos discutir la diversidad, la biología, la anatomía, la historia o el papel que desempeñaron (y aún desempeñan) los dinosaurios en la historia de la vida.

Como resultado de este descubrimiento, sabemos que los dinosaurios no están extintos, pues no todos desaparecieron al final del Cretácico. Además, podemos repensar la terminología: *dinosaurio*, como se usa en el lenguaje popular, se refiere a menudo a un grupo de grandes reptiles extintos. Pero si las aves son dinosaurios, del mismo modo que los murciélagos son mamíferos, sería técnicamente correcto decir: «¡Mira esos lindos minidinosaurios!» cuando observamos periquitos o pinzones. Para ser claro, hay momentos en los que la naturaleza dinosauriana de las aves es irrelevante, dado que las áreas de discusión significativas para las aves modernas (como la observación, la avicultura y la conservación) pueden continuar sin necesidad de hacer referencia a esa parte de su naturaleza.

No obstante, hay otros momentos en los que necesitamos pensar en las aves como parte del grupo Dinosauria, y cuando necesitamos hacer una distinción entre las aves y los demás grupos de dinosaurios. El término *dinosaurio no aviar*, incómodo pero necesario, es nuestro mejor recurso y lo verás a lo largo de este libro. Cuando el término *dinosaurio* se usa solo, se debe asumir, con toda razón, que incluye a todos los seres del grupo: desde *Triceratops* y *Diplodocus* hasta *Tyrannosaurus*, *Velociraptor*, *Passer* y *Corvus*.

Además, en cuanto a la terminología, he asumido que el lector tiene conocimientos básicos sobre el tema. En cuanto a los nombres de los animales, es imposible escribir sobre animales extintos sin usar nombres técnicos complejos. De otro modo, simplemente no habría manera de escribir sobre escansoriopterígidos u *Opis-thocoelicaudia*. Por último, te recuerdo que el texto tiene referencias cruzadas, es decir, un nombre poco familiar mencionado en una entrada tendrá su propia sección en otra parte del libro.

Por razones de conveniencia y brevedad, utilizo con frecuencia las palabras *taxón* (que es singular) y *taxones* (plural). Un taxón es cualquier unidad biológica a nivel de subespecie o superior. *Brachiosaurus altithorax* es un taxón, pero también lo son *Brachiosaurus* y Brachiosauridae, Sauropoda, Dinosauria y Reptilia, entre otros. También uso el término *clado* de manera similar y no específica. Un clado es un grupo en el que todos los miembros comparten el mismo ancestro común. Las aves son un clado, los saurópodos son un clado, y también lo son los dinosaurios, siempre y cuando se incluyan las aves. Los dinosaurios no aviares no son un clado, ya que algunos descendientes del ancestro común están excluidos.

Y ya que estamos en el tema de las relaciones evolutivas... los lectores familiarizados con el sistema linneano (en el que los géneros se agrupan en familias, las familias en órdenes, los órdenes en clases, y así sucesivamente) podrían notar que soy uno de esos investigadores que lo ha abandonado. Lo encuentro engañoso y perjudicial, ya que es responsable de todo tipo de opiniones sesgadas sobre la historia evolutiva y la diversidad de la vida. Podemos evitarlo por completo refiriéndonos a clados.

Dado que escribí este libro para una audiencia popular, intenté usar términos coloquiales para los grupos de dinosaurios siempre que fuera posible. Por ejemplo, me refiero a los miembros de Thyreophora y Ornithomimidae como tireóforos y ornitomímidos, respectivamente.

Considera que los términos coloquiales se escriben con minúsculas, mientras que sus contrapartes técnicas comienzan con mayúscula... aunque esto se vuelve complicado en algunos casos; por ejemplo, al referirnos a los tiranosaurios, ¿hablamos de los miembros de Tyrannosauridae (el grupo que contiene al *T. rex* y sus parientes cercanos) o de los miembros del grupo más grande e inclusivo Tyrannosauroidea (que contiene a Tyrannosauridae y varios otros linajes)? Esta situación explica por qué el libro incluye términos como *tiranosáurido* y *tiranosauroide*, pero no el ambiguo *tiranosaurio*.

Por último, soy consciente de que mi elección de temas puede parecer sesgada e idiosincrática. Por ejemplo, ¿por qué John Ostrom y Halszka Osmólska tienen entradas propias en este libro, mientras que muchos paleontólogos igualmente dignos apenas reciben mención? ¿Por qué se cubren los rabdodontomorfos, pero no los elasmarios? ¿Por qué escribí sobre Birds Came First (Primero fueron las aves) pero no sobre el modelo de polifilia en dinosaurios? Los libros no tienen una cantidad ilimitada de palabras, así que tuve que ser selectivo. Al final, opté por incluir los temas que, personalmente, considero inspiradores, interesantes o de mayor relevancia para la imagen que quería dibujar (me remito a los comentarios sobre la importancia seminal del periodo que comprende desde finales de los setenta hasta principios de los noventa). Espero que seas compasivo y comprensivo, y que disfrutes leyendo la selección que he incluido en este libro.

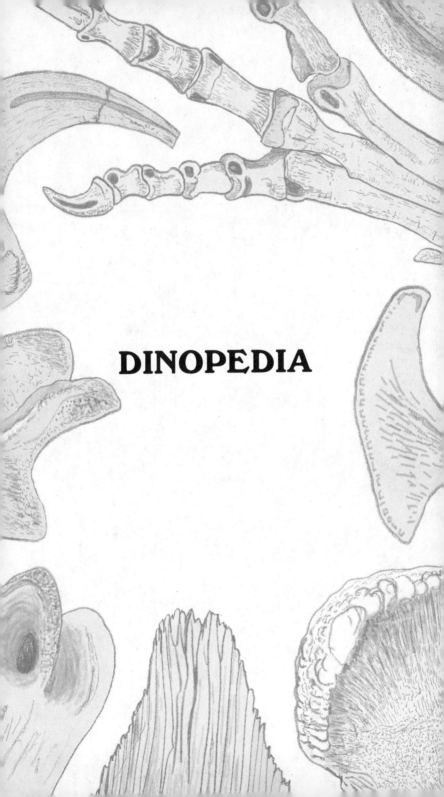

DINOPEDIA

A

Abelisáuridos

Grupo de terópodos, en su mayoría gondwánicos y cretácicos, reconocibles por sus brazos pequeños, manos diminutas, hocicos largos y cráneos anchos que a menudo presentan cuernos. La ciencia los conoció durante la década de los ochenta tras la descripción de *Abelisaurus* y *Carnotaurus*, ambos del Cretácico tardío de Argentina, que realizaron José Bonaparte y Fernando Novas. Tanto el abelisaurio como el carnotauro son grandes, pues su altura es de alrededor de ocho metros. Sin embargo, algunos abelisáuridos podrían haber sido aún más grandes; por ejemplo, es posible que *Pycnonemosaurus* de Brasil superara los nueve metros. El carnotauro es famoso por sus cuernos y porque el único espécimen conocido mantiene segmentos de piel preservada, los cuales presentan proyecciones cónicas, de alrededor de cuatro centímetros, que emergen de la piel escamosa típica de otros dinosaurios.

Bonaparte y Novas propusieron que los abelisáuridos eran parte de Carnosauria, un grupo utilizado en ese momento para designar de manera general a los grandes terópodos de cráneo profundo. Dentro de este grupo, ambos sugirieron que los abelisáuridos estaban especialmente relacionados con *Ceratosaurus*, el dinosaurio con cuernos del Jurásico. No obstante, a inicios de la primera década del siglo XXI, se llegó al acuerdo común de que el ceratosaurio y los abelisáuridos eran parientes cercanos dentro del grupo Ceratosauria.

Nuestra comprensión de la historia de los abelisáuridos se ha complejizado a medida que se han descubierto más ejemplares en lugares como Argentina, Brasil, India, Pakistán y Francia. En Madagascar, India y Francia se conoce un clado robusto con patas gruesas, los majungasaurinos, mientras que la mayoría de los taxones sudamericanos pertenece al clado de cara corta Brachyrostra. La distribución de los abelisáuridos sugiere que se dispersaron ampliamente por Gondwana antes de su fragmentación durante el Cretácico. Si esto es correcto, la rareza de los fósiles de abelisáuridos africanos es un artefacto de muestreo. Sin embargo, algunos taxones europeos no encajan perfectamente en este escenario y su distribución podría explicarse mejor por la dispersión; es decir, es posible que hayan nadado desde África hasta el sur de Europa.

Se sabe poco sobre la biología de los abelisáuridos. A menudo sus fósiles se encuentran en entornos boscosos estacionalmente secos. Sus cráneos poderosos, cuellos musculosos y dientes serrados en forma de cuchilla muestran que eran depredadores. Una textura rugosa en el costado de su cráneo sugiere que algunas especies tenían una cubierta facial gruesa y con forma de cuerno, lo que podría indicar que estas especies aturdían o lesionaban a su presa impactando su cara contra ellos. Las vértebras del cuello del *Carnotaurus* son enormes y debe haber tenido un cuello grueso, como el de un *bulldog*, por lo que posiblemente sometía a sus presas, quizás ornitópodos y saurópodos juveniles, con una mordida aplastante.

El carnotauro se ha vuelto irresistible para algunos artistas, y también se ha convertido en un elemento básico de los libros populares sobre la vida prehistórica, su aparición en la película de Disney *Dinosaurio*, del año 2000, y la segunda película de *Mundo Jurásico* dan muestra de ello.

Véase también: ceratosaurio

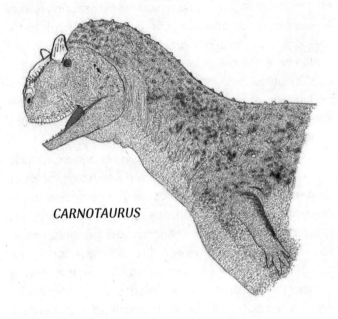

CARNOTAURUS

All Yesterdays

Libro de 2014 dedicado a la representación artística de dinosaurios mesozoicos y otros animales extintos, descrito por algunos como la obra centrada en el arte paleontológico más significativa de los tiempos modernos. Mi opinión tiene un sesgo, ya que soy uno de los autores, junto con John Conway y C. M. «Memo» Kösemen, quienes hicieron las ilustraciones a color del libro.

All Yesterdays cumple dos funciones principales: la primera es señalar que los animales prehistóricos podrían haberse comportado de manera inesperada, sorprendente y extrema, y que los artistas podrían representar esas acciones en lugar de las escenas trilladas que se retratan con regularidad; la segunda es evidenciar las convenciones incorporadas en el arte paleontológico, en particular, la tendencia a mostrar dinosaurios retractilados; es decir, animales con el mínimo absoluto de piel, grasa y músculo. Como principal ejemplo de ello teníamos en la mente a los dinosaurios esbeltos y esqueléticos de Greg Paul y sus seguidores, aunque nuestro llamado al cambio de ninguna manera pretende ser irrespetuoso; de hecho, consideramos que Greg es una de nuestras mayores influencias formativas.

All Yesterdays no promueve un enfoque de «todo vale» en la especulación artística paleontológica, pues deja en claro que antes de especular se deben tomar en cuenta los datos existentes sobre anatomía, ecología y comportamiento de los dinosaurios. Sin embargo, el libro ha alentado a artistas e ilustradores a considerar una gama más diversa de posibilidades de apariencia y comportamiento de la vida alejadas de las convenciones. Esto ha sido denominado movimiento *All Yesterdays*, y muchos paleoartistas modernos pueden considerarse parte de él. No a todos les gusta lo que decimos y, por supuesto, tenemos a nuestros detractores; así es la vida.

Véase también: Paul, Greg

Alosauroides

Uno de varios clados de terópodos que desarrollaron un gran tamaño y la capacidad de cazar presas gigantes. Los alosauroides se asocian principalmente con el

Jurásico tardío y el Cretácico temprano, aunque persistieron hasta el final del Cretácico en Sudamérica. Sus fósiles más antiguos datan del Jurásico medio, pero es probable que, junto con los megalosauroides y los celurosaurios, formen parte de una radiación evolutiva que ocurrió hace unos 180 millones de años, durante el Jurásico temprano.

La mayoría de los alosauroides, con algunas excepciones, miden entre seis y diez metros de largo. Su altura, combinada con sus cráneos largos y estrechos, dientes serrados y miembros anteriores poderosos, equipados con garras que recuerdan a las de las águilas, sugieren que se alimentaban de ornitópodos, estegosaurios y saurópodos pequeños, como lo confirman las marcas de mordeduras preservadas en los huesos. A través de fósiles también se ha documentado evidencia de depredación sobre otros terópodos, incluido el canibalismo.

Los alosauroides reciben su nombre por *Allosaurus*, un terópodo icónico asociado con la formación Morrison, también conocido en Portugal. Alosaurio y su pariente cercano, *Saurophaganax* (también de la formación Morrison), forman el clado Allosauroidea, uno de los tres principales clados de alosauroides. El segundo clado, Carcharodontosauria, incluye animales de tamaño mediano similares al alosaurio, además de terópodos mucho más grandes asociados sobre todo con África y Sudamérica; este clado es lo suficientemente significativo como para tener su propia entrada en esta dinopedia. El tercer clado principal de alosauroides es Metriacanthosauridae (conocido durante un tiempo como Sinraptoridae). Los metriacantosáuridos tienen huesos faciales cortos en comparación con otros alosauroides, además de espinas óseas altas en sus vértebras, y manos cortas. Anatómicamente, son arcaicos en comparación con otros alosauroides.

El alosaurio solía representarse como un gran terópodo sin características distintivas, similar al *Megalosaurus* y probablemente descendiente de él. Hoy en día, comprendemos su apariencia de forma más sofisticada. Este animal poseía cuernos triangulares frente a sus ojos y crestas emparejadas a lo largo de la parte superior de su hocico. El hecho de que algunos especímenes tuvieran caras más cortas que otros siempre fue motivo de confusión, pues llevó a pensar que el alosaurio incluía dos taxones diferentes y se propuso nombrar *Creosaurus* al de hocico más largo. No obstante, investigaciones modernas han demostrado que esta figura se creó por un error de ensamblaje de un cráneo en particular, es decir, el alosaurio de cara corta, representado en tantos libros y artículos, nunca existió.

En cuanto a su comportamiento y estilo de vida, estamos seguros de que los alosauroides eran depredadores. Es probable que usaran sus formidables garras para capturar, someter o herir a sus presas. De hecho,

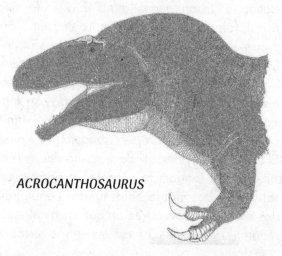

ACROCANTHOSAURUS

un estudio de 2006 del carcarodontosáurido *Acrocanthosaurus* encontró que sus dedos podían accionar un agarre y una flexión sustanciales, congruentes con dicho comportamiento.

Pese a ello, el cráneo era su arma principal; las proporciones de la cabeza, el cuello y los brazos implican que el hocico siempre entraba en contacto con la presa antes que las manos. El hecho de que el cráneo sea largo y estrecho sugiere que era bueno resistiendo fuerzas verticales; además, una teoría popular defiende que no atacaba a sus presas con mordidas debilitantes y aplastantes, sino que lanzaba dentelladas rápidas y cortantes con el objetivo de provocar desangramiento y *shock*. En 2001, Emily Rayfield y colegas utilizaron análisis de elementos finitos (FEA, por sus siglas en inglés) para probar cómo un cráneo de alosaurio modelado digitalmente resistía la compresión y la deformación. En este estudio descubrieron que tenía una mordida débil, pero podía tolerar una gran cantidad de estrés, lo cual es congruente con el uso de la mandíbula superior como una especie de hacha, eficaz contra presas grandes. Dicho trabajo fue pionero en el análisis de estos animales y, desde entonces, el FEA se ha aplicado ampliamente a otros cráneos de dinosaurios, así como los de otros animales, tanto vivos como fósiles.

Véase también: Carcharodontosaurus; megalosauroideos

Alvarezsáuridos

Clado de maniraptoriformes predominantemente pequeños, de piernas largas y brazos cortos, asociados sobre todo con el Cretácico tardío de Sudamérica y el este de Asia.

La historia de los alvarezsáuridos comienza con el nombramiento, en 1991, de *Alvarezsaurus* del Cretácico tardío de Argentina. Se trataba de un terópodo de cola larga, de un metro de longitud y similitudes inciertas. José Bonaparte, su descriptor, pensó que guardaba cierto parecido con los ornitomimosaurios, pero que era lo suficientemente único como para pertenecer a su propio grupo, al que denominó Alvarezsauridae. Mientras tanto, un equipo que trabajaba con fósiles del Cretácico tardío del desierto de Gobi, en Mongolia, liderado por el famoso paleontólogo mongol Altangerel Perle, descubrió un coelurosaurio similar al alvarezsaurio: era pequeño y ligero, notable por sus extremidades anteriores altamente musculosas y equipadas con una garra semejante a un pico. En 1993 fue llamado *Mononykus*, que significa «una garra», y se sugirió que era un ave no voladora inusual, más estrechamente relacionada con las aves modernas que con *Archaeopteryx*.

La extraña anatomía del mononico generó muchas discusiones sobre su estilo de vida; la mayoría de los expertos coincide en que sus ancestros estaban especializados en resquebrajar madera o tierra en busca de hormigas y termitas. En los animales modernos ese tipo de extremidades con forma de pico es típico de pangolines y osos hormigueros, los cuales también tienen cráneos y pechos especializados en relación con su dieta y modo de vida. A medida que se ha descubierto más sobre los alvarezsáuridos, se ha comprobado que su anatomía corresponde con este estilo de vida. Tenían cráneos ligeros, mandíbulas delgadas y dientes diminutos. Es posible que también poseyeran una lengua protráctil y que sus huesos del pecho y la columna vertebral estuvieran adaptados para resistir fuerzas involucradas en el uso de sus extremidades anteriores puntiagudas.

La forma general de estos dinosaurios muestra que no podrían haber sido excavadores, cavadores ni escaladores; en su lugar, es probable que fueran buenos rompiendo nidos de insectos ubicados en montículos de tierra o madera en descomposición. Sus patas largas y delgadas muestran que podían cubrir terreno a gran velocidad, lo cual tiene sentido, pues los nidos de hormigas y termitas a veces están muy separados unos de otros.

Posteriormente, se descubrió que el mononico no tenía en realidad una sola garra, sino que conservaba pequeños dedos con garras en la segunda y la tercera posición de sus manos; sin embargo, algunos otros alvarezsáuridos, como *Linhenykus*, de China, sí poseían una única garra. Desde entonces se han nombrado numerosos taxones adicionales de alvarezsáuridos, incluyendo *Patagonykus*, de Argentina; *Albertonykus*, de Canadá, y *Parvicursor*, *Shuvuuia* y *Albinykus*, de Mongolia. Para finales de la década de los noventa se hizo evidente que el alvarezsaurio de Argentina también era miembro de este clado, lo que significaba que el nombre originalmente elegido por Bonaparte, Alvarezsauridae, debía aplicarse a todo el grupo. Además, nuevos descubrimientos y estudios adicionales muestran que este clado no es parte de Avialae (el clado de las aves), sino que está ubicado en otro lugar dentro de Maniraptora y quizás cerca del origen del grupo.

Un problema sigue pendiente: el mononico y los otros taxones mencionados hasta ahora eran altamente especializados y muy diferentes de otros maniraptoriformes. Entonces, ¿cómo podían ser los miembros ancestrales y más antiguos del grupo? Algunos maniraptoriformes chinos del Jurásico tardío parecen proporcionar la respuesta. Estos animales, que incluyen a

Haplocheirus y *Shishugounykus*, comparten característi-cas con los alvarezsáuridos, pero son más grandes, pues alcanzan alrededor de dos metros de largo; ade-más, poseen manos grandes y prensiles con tres dedos prominentes y, en general, se parecen mucho más a los maniraptoriformes convencionales. Estos taxones están excluidos del clado Alvarezsauridae, pero se incluyen con ellos en Alvarezsauroidea, el clado más inclusivo.

Véase también: maniraptoriformes

MONONYKUS

Anquilosáuridos

Grandes ornitisquios acorazados del Jurásico y Cretáci-co, famosos por sus espinas, placas y mazas en la cola. A menudo son descritos como «tanques». Todos los anquilosáuridos eran cuadrúpedos y su característica ancestral, que se puede inferir de los tireóforos como *Scelidosaurus*, era tener filas paralelas de huesos cubier-tos de cuernos, llamados osteodermos, montadas a lo largo de la parte superior y los lados del cuello, el lomo y la cola. En algunos anquilosáuridos, los osteodermos en hombros, pecho, caderas y cola formaban espinas o cuchillas curvadas. En otros, los osteodermos en la superficie superior y lateral del cuello estaban fusionados en forma semianillada, mientras que los osteodermos en la punta de la cola se combinaban para formar una maza. Algunas especies poseían osteodermos similares a espinas y piedras que se ubicaban en las extremidades, el tórax y la cola.

Otras características de los anquilosáuridos incluyen una cintura pélvica modificada cuya cavidad está cerrada o parcialmente cerrada, la fusión de varias secciones de la columna vertebral y un omóplato profundo con sitios de fijación muscular agrandados. Si los dinosaurios por lo general son criaturas de cuerpo alto, piernas largas, con líneas estéticas y cuerpos musculosos y aerodinámicos, no puedo evitar pensar que los anquilosáuridos son completamente lo opuesto: animales dentados, de baja estatura, con piernas cortas y anchas, y de complexión rolliza, lo que les da una apariencia cómica; además, habitaban a ras del suelo. Lo acepto, son los dinosaurios más atípicos; aquellos cuya evolución fue la menos «predecible» si tomamos en cuenta las condiciones originales en las que se desarrollaron los dinosaurios.

Algunos anquilosáuridos poseen un hocico delgado, mientras que otros tienen uno corto y ancho. Grandes y complicadas fosas nasales, así como largos pasajes nasales en forma de bucle están presentes en ciertos ejemplares. Esta estructura podría haberlos ayudado a regular su temperatura y, tal vez, a producir ruido. Era común que tuvieran un pavimento de placas óseas en la parte superior de sus cráneos con cuernos que sobresalían de la parte posterior (encontrados en algunos ejemplares de hocico corto). Además, podían presentar osteodermos sobre la región de las mejillas, el costado de la mandíbula inferior e incluso en las cuencas de los ojos. Estas placas oculares eran móviles y estaban incrustadas dentro de los párpados. Los anquilosáuridos más pequeños medían alrededor de un metro de largo en la edad adulta, mientras que los más grandes alcanzaban los nueve metros y posiblemente las ocho toneladas.

Nuestra idea sobre la organización de los taxones de anquilosáuridos era vaga hasta finales de la década de los setenta, cuando Walter Coombs señaló que podían

UN ANQUILOSÁURIDO EN POSICIÓN DE DEFENSA

dividirse en dos clados: Nodosauridae y Ankylosauridae. Los nodosáuridos incluyen los taxones de hocico más largo y aquellos con espinas en el cuello y los hombros, mientras que los anquilosáuridos incluyen taxones tanto de hocico largo como corto, así como aquellos con mazas en la cola.

Varios anquilosáuridos del Jurásico y Cretácico inferior de Europa, Asia y América del Norte comparten un escudo óseo que cubre las partes superiores de sus caderas, y espinas en los hombros que poseen surcos a lo largo de sus bordes traseros. Coombs incluyó estos taxones dentro de Nodosauridae. Sin embargo, la opinión más popular desde 2001 sostiene que merecen ser reconocidos como un tercer clado: Polacanthidae. Los expertos aún discrepan sobre si este es en realidad un clado y a cuál pertenecen sus taxones constituyentes.

Los cuerpos voluminosos y anchos de los anquilosáuridos, así como sus dientes pequeños, que asemejan vagamente a la forma de las hojas (parecidos a los de los lagartos herbívoros), demuestran que eran herbívoros y que muy probablemente se especializaban en comer follaje. El trabajo realizado sobre las mandíbulas y el desgaste dental de los anquilosáuridos muestra que, al menos algunos, tenían ciclos de masticación complejos en los que las dos mitades de la mandíbula inferior rotaban alrededor de sus ejes largos mientras la mandíbula se cerraba. Al mismo tiempo, toda la mandíbula experimentaba un movimiento palinal, lo que significa que era empujada hacia atrás.

Los contenidos estomacales del *Kunbarrasaurus* australiano sugieren que su dieta se basaba en frutas, ramitas y hojas; los del *Borealopelta* canadiense revelan que su alimento principal era el helecho, y los gastrolitos encontrados en esa misma especie confirman su presencia en algunos anquilosáuridos. Una sugerencia intrigante, pero no verificada, es que algunos eran omnívoros y posiblemente también insectívoros. Después de todo, su apariencia exterior se asemeja a la de armadillos gigantes, y los brazos y hocicos de algunos taxones parecen adaptados para cavar u hozar. En 2016, *Liaoningosaurus*, de la provincia de Liaoning, en China, reveló una gran sorpresa. El contenido estomacal del ejemplar se compone de peces preservados; además, su tamaño pequeño, cúspides dentales espinosas y armadura reducida sugieren hábitos anfibios. Si esta interpretación de *Liaoningosaurus* es precisa, mostraría que los anquilosáuridos eran más diversos en ecología y dieta de lo que se pensaba.

Fuera de la alimentación, conocemos apenas algunos datos sobre el comportamiento y la biología de los anquilosáuridos. En ocasiones se han encontrado varios ejemplares juntos, así que quizás algunos vivían en grupos. También se ha considerado la hipótesis de que la función principal de los osteodermos era defensiva; las espinas en los hombros de algunos taxones y las mazas en la cola de otros seguramente eran eficaces para mantener a los terópodos a distancia, e incluso para herirlos de gravedad. En una serie de experimentos, la experta en anquilosáuridos Victoria Arbour calculó el poder de golpeo de la maza de la cola de un ejemplar grande y demostró que era lo suficientemente potente y ágil como para fracturar huesos. Las armas en los animales típicamente sirven en batallas de apareamiento y rituales de cortejo; sus roles antipredatorios se relegan a un aspecto secundario. ¿Los osteodermos de los anquilosáuridos evolucionaron de manera similar en este contexto? No lo sabemos, pero de ser así, es posible que las hembras fueran tan beligerantes como los machos, dado que los miembros de ambos sexos estaban protegidos de forma similar (hasta donde conocemos). En resumen, los anquilosáuridos no solo deben haber tenido una apariencia extraordinaria, sino también hábitos formidables.

Véase también: ornitisquios; tireóforos

Archaeopteryx

Legendario «primer pájaro» o *Urvogel* (en alemán) del Jurásico tardío, descubierto en la caliza de Solnhofen, en Baviera, Alemania. *Archaeopteryx* es un maniraptoriforme del tamaño de un cuervo, conocido actualmente por 12 especímenes, varios de los cuales preservan impresiones de plumas. El descubrimiento de arqueoptérix no podría haber sucedido en una mejor época, pues ocurrió justo después de que Darwin publicara *Sobre el origen de las especies,* en 1859. Así, se pudo demostrar que las formas de vida «intermedias» entre los grupos de hoy también existían en el pasado. Arqueoptérix era un pájaro, pero uno con rasgos «reptilianos», como dientes y una larga cola ósea.

Entre 1860 y 1970, las opiniones sobre las características de arqueoptérix eran vagas. Se planteó que habitaba generalmente en los árboles y que era algo así como una urraca o cuco con dientes, que se posaba en las ramas y volaba de manera torpe, y que quizás era más un planeador que un aleteador. Sin embargo, el Renacimiento de los dinosaurios causó una reevaluación del arqueoptérix. Se sabe que tenía similitudes evidentes con terópodos como *Deinonychus,* y, como argumentó John Ostrom, podía considerarse un terópodo pequeño y emplumado que cazaba a nivel del suelo. Ostrom incluso sugirió que usaba sus alas para capturar insectos. Durante la década de los ochenta, Greg Paul llevó aún más lejos esta visión al argumentar que aunque era capaz de volar, vivía en islas áridas, sin árboles, y cazaba sus presas al borde del agua. También argumentó que debía ser considerado un miembro en miniatura del clado que incluye al deinonico y sus parientes, los Dromaeosauridae.

El tamaño y la forma de sus dientes sugieren que arqueoptérix se alimentaba de artrópodos, pequeños vertebrados y quizás de peces. Podríamos especular que en ocasiones cazaba animales más grandes, posiblemente crías de pterosaurios que abundaban en su entorno. Su habilidad para volar ha sido tema de conversación. Las opiniones varían entre quienes sugieren que podía despegar del suelo y quienes defienden que era incapaz de hacerlo. También es importante señalar que no existen razones para creer que podía posarse en las ramas, pues no solo vivía en un hábitat donde los árboles eran raros o inexistentes, sino que la anatomía de sus patas parece adaptada para la vida en el suelo.

La historia de cómo debemos usar el nombre *arqueoptérix* y cuántos taxones podría haber es complicada. Una pluma aislada de Solnhofen, reportada en 1861, fue considerada el espécimen clave al que se le asignó el nombre arqueoptérix; es decir, el holotipo. Esta postura, que se mantuvo por cierto tiempo, siempre fue peligrosa porque era difícil —si no imposible— demostrar que la pluma pertenecía al mismo taxón que los esqueletos. En la actualidad se cree que es probable que haya pertenecido al arqueoptérix, pero fue ampliamente discutido en el pasado. El espécimen de Londres, descubierto en 1861, ahora se considera el holotipo, pero se ha generado un debate sobre cuántos taxones están representados por los 12 especímenes conocidos. ¿Son todos etapas de crecimiento y variantes de tamaño de la especie *A. lithographica*?, ¿existen dos, tres o más especies de arqueoptérix?, ¿las diferencias entre los especímenes son suficientes para reconocer más de un género? Con respecto a esta última pregunta, *Archaeornis*, *Jurapteryx* y *Wellnhoferia* están en la lista de nombres sugeridos. La opinión general al momento de escribir esta entrada es que hay un solo género, el cual contiene *A. lithographica*, *A. siemensii* y *A. albersdoerferi*. En la actualidad se sabe que un fósil considerado durante mucho tiempo un espécimen de arqueoptérix es en realidad un miembro alemán del grupo maniraptoriforme Anchiornithidae (chino principalmente). Este fue nombrado *Ostromia* en 2017 por el llamado arqueoptérix de Haarlem. Su nombre conmemora a John Ostrom.

Hoy en día el arqueoptérix es solo uno de varios aviales arcaicos del Jurásico, algunos de los cuales (ciertos anchiornítidos y scansoriopterígidos chinos) son más antiguos que él. En general, se acepta que forma parte de Avialae, el clado de aves, y que es más cercano a las aves modernas que a los anchiornítidos. Sin embargo, algunos estudios han encontrado que el arqueoptérix se encuentra en otro lugar en el árbol genealógico, con frecuencia cerca de Dromaeosauridae.

Véase también: aves; maniraptoriformes; Ostrom, John

Aves

Grupo animal diverso que contiene más de diez mil especies vivientes. Se encuentra en todo el mundo y es famoso por tener plumas, mandíbulas desdentadas y pico. También se caracteriza por la capacidad de volar de la mayoría de sus especies. Las aves son celurosaurios maniraptoriformes estrechamente relacionados con los dromeosáuridos y los troodóntidos. Su supervivencia demuestra que los dinosaurios no se extinguieron al final del Cretácico y que, además, han permanecido con éxito a lo largo de la llamada era de los mamíferos.

Todas las aves vivas pertenecen a un gran clado llamado Neornithes, cuyo cuerpo está maravillosamente adaptado para el vuelo. Su esqueleto está neumatizado; una quilla en el esternón ancla los grandes músculos que impulsan sus alas; las enormes plumas de sus extremidades anteriores y la cola forman superficies de vuelo que pueden controlar con precisión; sus ojos y cerebro son inusualmente grandes, y sus patas (equipadas con un dedo interior agrandado que se opone por completo a los otros tres) están especializadas para posarse en las ramas. El peso promedio de un neornithe es de alrededor de treinta gramos.

El nombre técnico que durante mucho tiempo se prefirió para el clado aviar es Aves. Sin embargo, un argumento alternativo sostiene que debe restringirse a los neornithes, pues solo estos tienen la combinación de características típicas de las aves, y que el clado en conjunto debe denominarse Avialae. Desafortunadamente, los expertos no se han puesto de acuerdo sobre esto, lo que significa que tanto Aves como Avialae se utilizan actualmente para el clado que incluye a arqueoptérix, neornithes y todas las líneas evolutivas intermedias.

Una idea aceptada desde 1800 postula que las aves son «reptiles glorificados». En particular, es evidente que las aves son arcosaurios, ya que comparten características anatómicas y conductuales con los cocodrilos. Una postura más específica se planteó durante la década de 1860 y señala que las aves podrían ser dinosaurios. Esta propuesta se originó cuando Thomas Huxley, conocido como el Bulldog de Darwin, observó que las caderas y las patas del celurosaurio *Compsognathus* y del ornitisquio *Hypsilophodon* eran similares a las de las aves. Como resultado, la idea de que las aves están relacionadas con los dinosaurios se popularizó durante finales del siglo xix y principios del xx. Los expertos de esa época tenían opiniones vagas sobre la relación entre los grupos de animales, por lo que la hipótesis de una afinidad entre aves y dinosaurios encajaba con la posibilidad de que las aves fueran cercanas a los arcosaurios primitivos o incluso a los pterosaurios.

Para la década de los veinte, el consenso era que las aves evolucionaron a partir de un grupo de arcosaurios denominados tecodontos pseudosuquios, que, a su vez, era ancestro de los dinosaurios y de otros linajes de arcosaurios. Un estudio en particular, el libro *The Origin of Birds* (El origen de las aves), escrito por Gerhard Heilmann y publicado en 1926, permitió establecer esta perspectiva como la mejor respaldada por evidencia. Un aspecto irónico del éxito del libro es que Heilmann fue un científico y artista aficionado, ridiculizado e ignorado por los científicos en Dinamarca, su país natal; sin embargo, como era bastante desconocido, en otros lugares se asumió que era una autoridad en la materia. De todos modos, la perspectiva de los pseudosuquios se volvió un dogma durante las siguientes décadas.

ERITHACUS,
AVE MODERNA

Finalmente, esta propuesta fue rechazada a finales de la década de los sesenta después del trabajo de John Ostrom sobre *Deinonychus*. Hoy en día, las conclusiones de Ostrom están maravillosamente respaldadas por decenas de fósiles del Jurásico y Cretácico. Estos incluyen especímenes no aviares con características de aves, así como una gran cantidad de aves primitivas, muchas de las cuales poseen rasgos anatómicos «intermedios», en forma y proporción, entre los de los dromeosáuridos y los de los neornithes.

Antes de la década de los ochenta, el registro de aves primitivas consistía casi exclusivamente en arqueoptérix y aves marinas con dientes del Cretácico, *Ichthyornis* y *Hesperornis*. Hoy en día se conocen varios clados de aves arcaicas en relación con los neornithes, muchos de los cuales tienen dientes y dedos con garras, que son más cercanos a ellos que a arqueoptérix. Los más importantes de estos son los enantiornithes, a veces llamados aves opuestas: una agrupación grande y diversa de aves arcaicas, la cual incluye taxones que evocan a aves marinas, limícolas, halcones y pinzones.

Los fósiles de aves más arcaicas muestran que estos animales fueron inicialmente solo uno de numerosos clados de maniraptorifomes, todos los cuales se parecían durante las primeras etapas de su historia y comenzaron como pequeños depredadores generalistas u omnívoros. Tiempo después, las aves desarrollaron peculiaridades asociadas con los neornithes y, de hecho, la transición más profunda en su evolución es aquella que separa a los neornithes de sus parientes más cercanos. Este evento ocurrió durante el Cretácico, y lo sabemos porque los primeros miembros de los principales clados de neornithes —como los que evolucionaron en patos y aves gallináceas— son fósiles del Cretácico tardío.

Determinar cómo están relacionados los numerosos clados de neornites ha sido una tarea formidable; existe una gran cantidad de literatura sobre el tema y se han propuesto numerosas ideas. Desde 2006 varios estudios genéticos importantes permitieron que se llegara al consenso de que los ratites y los tinamúes (paleognatos) forman el grupo hermano de los neornithes restantes; que los anseriformes (patos y parientes) y los galliformes (aves gallináceas) están unidos dentro de Galloanserae, y que los neornithes restantes se dividieron en el siguiente orden: vencejos, chotacabras y parientes (Strisores), avutardas, palomas y parientes (Columbaves), grullas, rálidos y parientes (Gruiformes), aves acuáticas, aves marinas y parientes (Aequorlitornithes), rapaces (Accipitriformes), búhos (Strigiformes), pájaros carpinteros, carracas y parientes (Coraciimorphae), y, finalmente, loros, halcones, pájaros cantores y parientes (Australaves). Los pájaros cantores o paseriformes son el clado de aves más grande, pues este contiene más del 60% de las especies de aves vivas.

Un porcentaje significativo de especies de aves está en peligro debido a la actividad humana y existe la probabilidad de que clados enteros se pierdan en las próximas décadas. Aunque este libro trata sobre animales extintos y no sobre los que aún viven, como una persona consciente e interesada en el mundo natural, recuerda hacer lo que puedas para garantizar la supervivencia futura de las aves y otros animales.

Véase también: Archaeopteryx; Birds Are Not Dinosaurs; maniraptoriformes; Ostrom, John

B

Bakker, Robert (Bob)

Paleontólogo estadounidense que encabezó el Renacimiento de los dinosaurios. A través de documentos técnicos, artículos de revistas, obras de arte cautivadoras y su popular libro *The Dinosaur Heresies* (Las herejías de los dinosaurios), publicado en 1986, Bakker promovió la idea de que los dinosaurios fueron una de las mayores historias de éxito de la evolución, pues fueron animales de comportamiento complejo, activos en extremo, biomecánicamente sofisticados y de sangre caliente. Bakker comenzó su carrera académica al licenciarse de la Universidad de Yale, con la tutoría académica de John Ostrom. En 1971 obtuvo un doctorado en Harvard, y su ilustración de un *Deinonychus* sin plumas corriendo en posición de media zancada acompañó la primera descripción de este dinosaurio que Ostrom realizó en 1969.

De 1968 en adelante, Bakker publicó artículos que atrajeron gran atención al metabolismo, la ecología y al éxito evolutivo de los dinosaurios. Se le conoce principalmente por argumentar que los dinosaurios no aviares eran endotérmicos, es decir, «de sangre caliente». Este trabajo inspiró respuestas y contraargumentos de colegas que no coincidían con sus interpretaciones de datos. El artículo de Bakker de 1971 sobre saurópodos fue fundamental para un cambio de paradigma que alejó a estos dinosaurios de los humedales y los acercó a las áreas verdes y las llanuras. Un artículo de 1974, coescrito con Peter Galton, defendió la idea de que los dinosaurios eran un clado en vez de un conjunto de linajes de arcosaurios que provenían de ancestros distantes. Asimismo, su artículo publicado en 1975 en *Scientific American*, titulado «Renacimiento de los dinosaurios», revolucionó la conciencia generalizada sobre estas ideas y su impacto.

A pesar de todo esto, algunos paleontólogos sostienen que las contribuciones de Bakker a la ciencia no son notables y que el énfasis que se le ha dado a su trabajo (como el que se le otorga aquí) puede interpretarse como un culto al héroe. Sería más justo estimar que sus aportaciones lograron, al incitar a la controversia y el debate, que la ciencia de los dinosaurios fuera más visible, y esto, a su vez, atrajo a investigadores y promovió esfuerzos más rigurosos para responder las preguntas relevantes. En 1994, el fotoperiodista Louie Psihoyos hizo esta memorable declaración: «Tratar de imaginar la paleontología moderna de dinosaurios sin Bob Bakker es como tratar de imaginar los años sesenta sin *rock and roll*». Considero que es una afirmación bastante precisa.

Bakker, por supuesto, ha publicado numerosos estudios además de los de los años sesenta y setenta, pero es necesario admitir que parte de ese trabajo tiene un tono más esotérico. Uno de sus estudios sugiere una identidad estegosáurica para los nodosáuridos (1988); otro propone que los carcarodontosáuridos y el *Spinosaurus* tenían una ecología similar a la de las ballenas (1992); otro, que el *Allosaurus* tenía una ecología similar a la de los felinos con colmillos (2000), y uno más proponía que el *Ceratosaurus* llevaba un estilo de vida anfibio (2004). Bakker fue el autor principal del estudio de 1988 que defendió la naturaleza distintiva del *Nanotyrannus* y promovió el uso del nombre *Brontosaurus* antes de su resurrección oficial. Además, publicó una novela en 1995, titulada *Raptor Red* (Raptor el Rojo), que cuenta la historia de vida de un *Utahraptor* desde el punto de vista del animal.

A lo largo de su carrera ha estado afiliado con varios museos e instituciones. Es evidente su compromiso con la educación de los niños y del público en general, y aún imparte conferencias públicas y escribe libros para niños. Un detalle biográfico que a veces se menciona en entrevistas y artículos es que proviene de un contexto familiar cristiano evangélico y que está certificado como ministro; él promueve la idea de que la religión y la ciencia no son incompatibles, y que la historia de la creación registrada en la Biblia no debe tomarse literalmente.

Véase también: Brontosaurus; Nanotyrannus; Renacimiento de los dinosaurios; Ostrom, John

Birds Are Not Dinosaurs (band)

Movimiento intelectual, liderado por un grupo de ornitólogos y paleontólogos, que cuestiona o rechaza la evidencia de que las aves son terópodos. En sus etapas más tempranas, el movimiento band (las aves no son dinosaurios) no era un movimiento en absoluto, sino simplemente la opinión de varios autores que no estaban convencidos del parentesco cercano, propuesto por Ostrom, entre las aves y los maniraptoriformes similares a *Deinonychus*. Si bien cuestionar una idea es adecuado porque el escepticismo es parte de la ciencia y todas las afirmaciones deben verificarse y probarse, lo que no es aceptable es persistir en la selección arbitraria e interpretación errónea de datos, incluso después de que se ha demostrado que están sesgados o son imprecisos, ni los intentos de desestimar datos solo porque entran en conflicto con un escenario preferido.

Todo comenzó con la publicación de artículos de Max Hecht, Samuel Tarsitano y Larry Martin, quienes argumentaron, entre 1976 e inicios de la primera década del siglo XXI, que las características que Ostrom usó para vincular a las aves con los terópodos no eran tan sólidas como él pensaba. Señalaron que las muñecas y los tobillos de las aves y los terópodos estaban formados por huesos distintos, y que las manos de las aves presentaban dedos diferentes a los de los dinosaurios. El problema de estas críticas es que los datos relevantes sobre las aves provienen de la embriología, un área donde la información sobre animales mesozoicos es algo deficiente. También es problemático que las supuestas características «no terópodas» en las muñecas y tobillos de las aves embrionarias estén muy abiertas a la interpretación, hecho que nunca fue claro para los autores que iniciaron el debate.

En 1980, el ornitólogo Alan Feduccia también cuestionó la idea de que las aves son terópodos en su libro *The Age of Birds* (La era de las aves). Su argumento principal fue que las aves y las plumas seguramente evolucionaron entre animales que habitaban los árboles, por lo que los terópodos pueden excluirse del linaje aviar; además, indicó que un grupo de pequeños arcosaurios llamados *pseudosuquios* eran los verdaderos ancestros de las aves. Feduccia amplió su argumento en su libro de 1996 *The Origin and Evolution of Birds* (El origen y la evolución de las aves), en artículos técnicos y en su libro de 2012 *Riddle of The Feathered Dragons*

(El enigma de los dragones emplumados). Feduccia ha sido la principal referencia para el argumento de BAND tanto en los noventa como en el siglo XXI, y hoy en día es casi sinónimo del movimiento.

¿Y cómo han enfrentado estos investigadores el descubrimiento de ovirraptorosaurios, dromeosáuridos emplumados y demás? Siendo tremendamente inconsistentes. En un inicio, Martin y Feduccia argumentaron que los dromeosáuridos y sus parientes no tenían parecido alguno con las aves y que las similitudes percibidas se debían a una evolución convergente. Sin embargo, cuando se dio a conocer la existencia de ovirraptorosaurios emplumados, como *Caudipteryx* y *Protarchaeopteryx*, en 1998, Feduccia declaró que eran aves sin capacidad de vuelo: «kiwis mesozoicos», según dijo. Después, cuando se informó sobre dromeosáuridos emplumados, como *Sinornithosaurus* y *Microraptor*, a principios de los años 2000, Feduccia también los declaró aves (después de haber argumentado durante años que no podían tener nada que ver con ellas), aunque varios de sus artículos afirman que animales como el *Microraptor* no tenían plumas en absoluto. De hecho, un problema fundamental con la postura de BAND es que critica cualquier sugerencia de plumas en los dinosaurios, pero inmediatamente declara que todos los dinosaurios con plumas descubiertos son aves.

En cuanto a aquellos terópodos con plumas más parecidas a filamentos, Feduccia y sus colegas han argumentado que los filamentos son una especie de artefacto. Su afirmación preferida es que son fibras de piel interna mal identificadas; a pesar del hecho de que están en el exterior de la piel, no se parecen a las fibras intradérmicas y contienen pigmentos que solo están presentes en la parte externa de un animal.

Estos autores también han argumentado que arqueoptérix ha sido malinterpretado y que era menos similar a los terópodos de lo que Ostrom pensaba. Esta afirmación ha sido uno de los argumentos principales de band. De acuerdo con el movimiento, el arqueoptérix posee extremidades traseras extendidas, huesos pélvicos orientados hacia atrás y un dedo interno oponible, características que lo diferencian de los maniraptoriformes, como los dromeosáuridos. Martin también sostenía que los dientes del arqueoptérix y de otras aves dentadas no se parecían a los de los terópodos. Ninguna de estas afirmaciones es correcta. Todas han sido refutadas por trabajos detallados sobre el arqueoptérix y otros taxones.

Las opiniones sobre cómo recibir a los defensores de band, a veces llamados *bandidos*,[1] varían. Una postura común en la ciencia es que debe alentarse la crítica y el escepticismo, ya que promueven la verificación y la prueba, lo que favorece el fortalecimiento de las teorías. Visto así, los bandidos podrían ser los buenos de la historia, ya que las críticas que han provocado durante décadas han permitido que otros mejoren sus teorías, y, por tanto, sus tácticas deberían celebrarse y apreciarse. Denunciarlos como un grupo molesto de detractores (y etiquetarlos con un acrónimo) podría considerarse divisivo y grosero.

Un enfoque alternativo es que las acciones de los bandidos han sido erosivas y destructivas, pues han hecho que muchos científicos pierdan tiempo refutando sus afirmaciones. Asimismo, sus integrantes se han comportado más como políticos que como científicos (en un momento incluso llevaron insignias con el eslogan «las aves no son dinosaurios»), y su continuo *gaslighting*

---

1 *BANDITS* en inglés *(n. del t.)*.

y vituperación han hecho que la ciencia evolutiva parezca más débil, en términos de estructura intelectual y base fáctica, de lo que realmente es. De hecho, si hay un biólogo evolutivo al que los creacionistas adoran citar ese es Alan Feduccia. Por estas razones, expertos como el ornitólogo Richard Prum opinan que los argumentos de los bandidos deberían ser ignorados por completo y que lo que han estado haciendo durante décadas no es ni nunca ha sido ciencia.

Véase también: Archaeopteryx; Aves; maniraptoriformes; Ostrom, John

Birds Came First (BCF)

Hipótesis no estándar que postula que todos los dinosaurios descendieron de pequeñas —y principalmente cuadrúpedas— «dinoaves» arborícolas, que fueron los ancestros directos de las aves. Según este modelo, denominado Birds Came First (Primero fueron las aves), las *dinoaves* forman un linaje central de dinosaurios y cada clado que evolucionó a partir de ellas —exceptuando a las aves— llegó a un callejón sin salida evolutivo en el que el gran tamaño y los hábitos terrestres evolucionaron en paralelo.

BCF es la creación intelectual de George Olshevsky, un escritor e investigador destacado en la comunidad de aficionados a los dinosaurios de los años ochenta y noventa. Adquirió fama principalmente por su boletín informativo *Archosaurian Articulations* (Articulaciones de arcosaurios) de finales de los años ochenta, por publicar y dar continuidad a una exhaustiva lista taxonómica de arcosaurios mesozoicos, y por su participación en el boletín electrónico de dinosaurios (o DML), un foro en internet que, antes del surgimiento de los blogs, Facebook y Twitter, era el principal punto de encuentro para las últimas noticias y discusiones sobre asuntos mesozoicos. BCF nunca se publicó en un lugar formal, sino en artículos de revistas, especialmente en *Omni*, en 1994, y en *Dino Press* de Japón, en 2001.

Olshevsky se inspiró parcialmente en el hecho de que los detalles anatómicos cuasiaviares han sido relegados a ramas más inferiores del árbol genealógico de los arcosaurios. También consideraba que algunos detalles de la anatomía de los dinosaurios, como el dedo interno acortado típico de los ornitisquios y terópodos bípedos, y los miembros anteriores con forma de alas de los maniraptoriformes, no tenían sentido dentro de la narrativa convencional. El modelo de Greg Paul de

DINOAVES,
SEGÚN LA
HIPÓTESIS BCF

incapacidad de vuelo secundaria en celurosaurios no aviares también fue acreditado como inspiración, ya que todo lo que hizo Olshevsky, en esencia, fue expandir el modelo de Greg a todo el grupo Dinosauria.

Durante un tiempo en la década de los noventa, BCF se consideró un modelo plausible de la evolución de los dinosaurios, al menos así lo fue en la comunidad estudiantil de la cual yo formé parte. Sin embargo, las *dinoaves* fundamentales para el modelo no se han encontrado. Bueno, hay una advertencia: BCF sostiene que varios reptiles inusuales del Triásico —como los drepanosaurios y el asombroso *Longisquama* emplumado— son *dinoaves*, aunque los científicos que han estudiado dichos fósiles no comparten esta opinión. Además, la distribución de características anatómicas en miembros tempranos de los clados relevantes no coincide con las predicciones de BCF, según las cuales los primeros ornitisquios, sauropodomorfos y terópodos, al igual que otros animales cercanos a la raíz del árbol de los dinosaurios, deberían tener adaptaciones para trepar. En este sentido, estos clados no tienen características relacionadas con un estilo de vida trepador. En suma, la idea fracasó rotundamente en ganar el apoyo de algún académico que la publicara. Olshevsky ya no publica ni está activo en las redes sociales, y el modelo es casi desconocido excepto para los aficionados a los dinosaurios del más alto calibre *nerd*.

Véase también: aves; Paul, Greg; maniraptoriformes

Braquiosáuridos

Pocos clados de saurópodos pueden considerarse populares fuera de la comunidad de investigación de dinosaurios. Entre ellos se encuentran los braquiosáuridos:

macronarios del Jurásico tardío y del Cretácico temprano, famosos por su gran tamaño e interesantes proporciones. Sus extremidades anteriores son tan largas que
superan a las posteriores; los hombros son más altos
que las caderas y la cola es proporcionalmente corta.
Poseen una cresta ósea arqueada sobre su frente y hocico, aunque no en todos los taxones. La mayoría de los
expertos coincide en que el cuello se mantenía casi completamente erguido, lo que facilitaba un gran alcance
vertical. Posiblemente se alimentaban de las copas de
los árboles, donde usaban sus mandíbulas anchas y re-
dondeadas, así como sus dientes robustos y espatulados,
para arrancar hojas y ramitas. Por lo común, eran los dinosaurios más grandes en sus faunas, en algunos casos
alcanzaban hasta 22 metros y superaban las cuarenta
toneladas. Sin embargo, no todos eran gigantes. *Euro-
pasaurus*, del Jurásico tardío de Alemania, era un enano
insular de solo seis metros de longitud y menos de una
tonelada de peso.

El ejemplar del grupo —*Brachiosaurus altithorax*—
fue descubierto en la formación Morrison de Colorado en
1903, y la importancia de sus inusuales proporciones no
pasó desapercibida por Elmer Riggs. Su nombre significa
«lagarto con brazos, de tórax profundo». Lo que se creía
que era una segunda especie —*B. brancai*— fue descrita
en Tendaguru, hoy Tanzania, en 1914, pero actualmente
se reconoce como el género separado *Giraffatitan*.

En los años siguientes a la descripción de estos taxones se identificaron más fósiles de braquiosáuridos en
Estados Unidos, Europa occidental, Asia oriental y Australia, entre otros sitios. Estos incluyen dientes, vértebras
y fragmentos de cráneo denominados *Astrodon*, *Pleu-
rocoelus* y *Ornithopsis*, los cuales provienen principalmente de saurópodos «pequeños». Sin embargo, hoy

en día sabemos que las características que hacen que estos restos sean similares a los de los braquiosáuridos están presentes en varias líneas evolutivas de macronarios; por ello, las cualidades que distinguen a estos taxones aún no son del todo claras.

Estudios publicados desde 2010 han establecido la existencia de una revisión de Brachiosauridae, cuyos miembros más antiguos (*Vouivria*, de Francia) son del Jurásico medio, mientras que los más jóvenes (*Sonorasaurus*, de Estados Unidos) son del límite Cretácico temprano o tardío. Estos se encuentran principalmente en América del Norte y Europa, aunque es evidente que el clado también estaba presente en África. En 2015 se informó sobre lo que podría ser un braquiosáurido sudamericano (*Padillasaurus* de Colombia), aunque existe controversia sobre sus características afines.

Véase también: formación Morrison; macronarios; Tendaguru

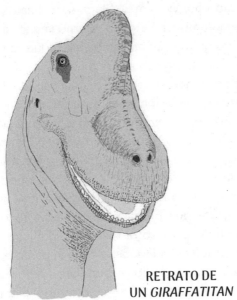

RETRATO DE UN *GIRAFFATITAN*

Brontosaurus

Uno de los nombres de dinosaurio más famosos e icónicos, asociado con un taxón específico (*Brontosaurus excelsus*, nombrado por Othniel Marsh en 1879). Asimismo, es un ícono cultural. El brontosaurio es un saurópodo indefinido que aparece en dibujos animados, películas, juguetes y marcas comerciales como un estereotipo de los dinosaurios.

En un inicio el nombre se asoció a un diplodócido de la formación Morrison descubierto en Como Bluff, Wyoming. En 1903, Elmer Riggs argumentó que era lo suficientemente similar a las especies incluidas dentro de un diplodócido de la misma formación, a las que Marsh había llamado antes *Apatosaurus*, y que debía ser integrado a ese mismo género. La mayoría de los expertos coincidió y el nombre de Marsh, *Brontosaurus*, desapareció prácticamente de la literatura técnica posterior. Sin embargo, no se retiró por completo: en 1905 fue utilizado por William D. Matthew y en la década de los treinta el mismo Riggs lo retomó varias veces, demostrando quizás que no estaba tan seguro de su decisión de 1903, como se suele entender. Algo incluso más importante es que el nombre permaneció adjunto a un esqueleto en exhibición en el Museo Americano de Historia Natural en Nueva York, probablemente porque el paleontólogo a cargo —el bombástico Henry F. Osborn— quería que el mundo supiera que tenía su propia interpretación de la taxonomía de los saurópodos de la formación Morrison. El hecho de que el fósil de saurópodo más grande y prominente de Nueva York estuviera etiquetado como brontosaurio significaba que el nombre estaba destinado a tener un impacto duradero, y un gran número de libros populares, artículos, entre otros materiales, utilizó el término como si el trabajo de

Riggs de 1903 nunca hubiera existido. Avancemos rápidamente hasta finales del siglo XX, cuando seguía siendo uno de los nombres de dinosaurios más conocidos.

Algunas personas argumentaron que el nombre estaba tan arraigado a la cultura popular que debíamos renunciar a los esfuerzos por seguir las reglas de la nomenclatura zoológica y usarlo de cualquier modo. Este fue un argumento de *The Dinosaur Heresies* (Las herejías de los dinosaurios), de Bakker, y también explica el título del libro de Stephen Jay Gould de 1991, *Brontosaurus y la nalga del ministro*. Una postura alternativa indica que *brontosaurio* es un nombre del pasado, asociado más con Los Picapiedra o Sinclair Oil Corporation que con la ciencia de vanguardia, y que no es especialmente apreciado por las generaciones que crecieron con pleno conocimiento de que era un sinónimo menor, con fuertes connotaciones previas al Renacimiento de los dinosaurios (se piensa que el brontosaurio es un habitante de pantanos, gordo y amorfo, no una maravilla esbelta y ágil de la que podríamos estar orgullosos).

Pero siempre hubo rumores de que el nombre podría resucitar. ¿Podría ser —murmuraban algunos herejes— que las especies apatosaurinas no fueran todas iguales y que aquellas alguna vez etiquetadas como *brontosaurio* en realidad lucían diferentes? En un estudio gigantesco de 2015 sobre la filogenia y anatomía de los diplodócidos, Emmanuel Tschopp y sus colegas encontraron exactamente esto. *Apatosaurus excelsus* —la especie tipo de brontosaurio— no se agrupaba con las otras especies de *Apatosaurus* y pertenecía a una rama completamente distinta en el cladograma. Como resultado, *brontosaurio* tuvo que ser reinstituido. Dado que las convenciones taxonómicas reflejan nuestro pensamiento en constante evolución sobre las relaciones entre los organismos, esto no es una «última palabra» y ni siquiera existe tal cosa. Los estudios futuros podrían llevarnos a cambiar de opinión sobre la taxonomía de los apatosaurinos una vez más. Pero, por ahora, el brontosaurio ha regresado.

Véase también: Bakker, Robert; diplodocoides; formación Morrison; saurópodos

C

Carcarodontosáuridos

Alosauroides preponderandemente gigantes del Cretácico y del Jurásico tardío asociados con América del Sur y África. Fueron reconocidos por primera vez en 1931 cuando Ernst Stromer, quien trabajaba con material del Cretácico tardío descubierto en la Formación Bahariya de Egipto, propuso que *Carcharodontosaurus* y *Bahariasaurus* eran parientes cercanos y pertenecían a un solo clado: Carcharodontosauridae. Desafortunadamente, estos fósiles fueron destruidos durante la Segunda Guerra Mundial y solo sobrevivieron ilustraciones. Los expertos que escribieron sobre estos dinosaurios en las décadas siguientes por lo general los consideraron alosauroides, tal vez en medio de terópodos similares a alosaurio y tiranosaurio.

En 1995, el especialista en terópodos Oliver Rauhut argumentó que el clado de Stromer, Carcharodontosauridae, olvidado en su mayor parte, merecía ser reconocido después de todo, y que era cercano al alosaurio. Algunas características inusuales de los carcarodontosáuridos incluyen una superficie rugosa en la parte superior del hocico y dientes que no se curvan hacia atrás como típicamente sucede en los terópodos. Estos dientes son vagamente similares a los del gran tiburón blanco *Carcharodon* y explican el nombre que eligió Stromer.

Un cráneo de Marruecos, publicado por Paul Sereno y colegas en 1996, verificó los hallazgos de Rauhut y confirmó el tamaño gigantesco de los carcarodontosáuridos. Se dijo que este espécimen tenía un cráneo de 1.6 metros y una longitud total de 14 metros; medidas que lo harían más grande que el tiranosaurio rex. La respuesta de los medios de comunicación fue predecible. Sin embargo, es casi seguro que la reconstrucción de Sereno sobrealargó el hocico.

El año 1995 vio la publicación de un animal similar, esta vez en Argentina. Mundo: Conoce a *Giganotosaurus*, un dinosaurio con un nombre fastidiosamente similar a *Gigantosaurus* (un saurópodo africano extinto). Este animal también era gigantesco y también se promocionaba como «más grande que el *T. rex*». Para entonces estaba claro que el Cretácico tardío de América del Sur y África alojaban alosauroides gigantescos, y que los carcarodontosáuridos eran un grupo importante de los continentes de Gondwana. ¿Pero estaban limitados a esa región? ¿Qué pasa con *Acrocanthosaurus* del Cretácico temprano de Estados Unidos de América? Nombrado en 1950, y siempre relacionado con el alosaurio, este también parece ser un carcarodontosáurido, aunque sea del clado que contiene a los taxones del sur. El ejemplar chino *Shaochilong* también parece ser un carcarodontosáurido del hemisferio norte fuera del clado de Gondwana, y los taxones adicionales nombrados desde entonces demuestran la presencia de carcarodontosáuridos también en Europa.

En su descripción de 1998 de un nuevo espécimen de *Acrocanthosaurus*, Jerry Harris notó que *Neovenator* de Wealden, al sur de Inglaterra, tenía suficientes características similares a los carcarodontosáuridos para considerarse otro miembro de este clado. Un estudio de 2010, liderado por Roger Benson, propuso que los alosauroides encontrados en todo el mundo, como *Aerosteon* en Argentina, *Australovenator* en Australia y *Fukuiraptor* en Japón, compartían suficientes características con neovénator para que fueran clasificados juntos en un nuevo clado —Neovenatoridae— que tenía una relación de grupo hermano con Carcharodontosauridae. Benson y sus colegas propusieron otro nombre —Carcharodontosauria— para el clado que unía Neovenatoridae con Carcharodontosauridae. Una consecuencia es que el término coloquial *carcarodontosaurio* es ahora ambiguo, ya que podría referirse tanto a Carcharodontosauria como a Carcharodontosauridae. También vale la pena señalar la sugerencia del equipo de Benson de que otro clado, los megaraptores, forma parte de Neovenatoridae y, por lo tanto, también es parte de Carcharodontosauria. Esto es algo controversial y abundaré al respecto en otro espacio del libro.

Es posible que el comportamiento de los carcarodontosáuridos fuera era similar al de otros alosauroides. Sin embargo, el tamaño gigantesco y los dientes lateralmente comprimidos y rectos de algunos taxones sugieren que se alimentaban sobre todo de animales grandes (¿saurópodos?) y que usaban una mordida para rebanar diferente a la de otros terópodos. La posible evidencia de comportamiento social proviene de la asociación de siete individuos de *Mapusaurus*, un animal de Argentina similar a giganotosaurio. Esto podría mostrar que estos animales vivían en grupos, en cuyo caso este grupo fue vencido por algún evento desastroso. Las huellas de Glen Rose en Texas parecen haber sido marcadas por *Acrocanthosaurus*, y algunas huellas paralelas podrían evidenciar también el comportamiento social. Sin embargo, también podrían mostrar que los individuos caminaban en paralelo por el área en diferentes momentos. Se dice que una de las huellas de Glen Rose muestra a un acrocanthosaurio acercándose a un saurópodo, atacándolo y poniéndolo literalmente patas arriba, ya que falta una de las huellas en la secuencia. Esta historia se ha cuestionado y un estudio ha demostrado que la huella que supuestamente falta no falta en absoluto.

Una idea interesante sobre la apariencia de los carcarodontosáuridos fue propuesta en 2010 y se refiere al *Concavenator* del Cretácico inferior de España. Se sugirió que los nódulos óseos dispuestos en línea en el lado del cúbito en el antebrazo eran similares a los folículos de las plumas de los maniraptoriformes y, por lo tanto, mostraban que estos animales tenían plumas (o tal vez plumas modificadas, similares a espinas o púas) proyectadas desde los brazos. Yo expresé escepticismo sobre esto en 2010; creo que los folículos son probablemente algo relacionado con músculos o tejido fibroso interno. Ha habido cierto debate al respecto y el tema permanece sin resolver. Concavenator también es interesante por conservar grandes escamas en sus patas y las impresiones de las almohadillas abultadas y macizas de los dedos.

Véase también: alosauroides; megaraptores

Celurosaurios

Enorme clado tetanuro que incluye aves y otros maniraptoriformes, ornitomimosaurios y tiranosauroides. Coelurosauria es un nombre cuya compleja historia no podría resumir aquí. Sin embargo, cabe mencionar que el concepto moderno del término surge de la propuesta de Jacques Gauthier de 1986, quien sugirió que el

nombre, publicado por primera vez por Friedrich von Huene en 1914, debía usarse para el clado que contiene a los terópodos más cercanos a las aves en lugar de a terópodos como *Megalosaurus* y *Allosaurus*. Para Gauthier esto significaba incluir varios terópodos pequeños y ágiles del Jurásico tardío, como el compsognato, que tenía el tamaño de un pollo y provenía de Europa, *Ornitholestes* y *Coelurus* de la formación Morrison, además de ornitomimosauros y maniraptoriformes.

Estudios publicados desde mediados de los noventa en adelante demostraron que los tiranosauroides también debían incluirse en este grupo. Estos son sustancialmente más parecidos a las aves que los tetanuranos como el alosaurio, y deben haber evolucionado a partir de pequeños depredadores similares a *Coelurus*. De hecho, coelurus y otros tetanuranos de este tipo siempre se han imaginado como los celurosaurios arquetípicos y ancestrales: ágiles y veloces depredadores terrestres de la capa inferior del bosque, de alrededor de dos metros de largo, con brazos largos y manos con tres dedos para prensar. Es probable que estos terópodos similares a coelurus fueran de sangre caliente, por lo que la idea de que podrían poseer un pelaje plumoso como medio de aislamiento térmico se remonta a la década de los setenta. Los fósiles descubiertos desde los noventa han confirmado la presencia de plumas en estos animales, lo que quiere decir que estas se originaron temprano en la historia de los celurosaurios, incluso mucho antes que en las aves. Es posible que su función inicial fuera retener el calor, y solo más tarde sirvieron para el vuelo y el despliegue.

Durante el Jurásico temprano (hace aproximadamente 180 millones de años), algunos celurosaurios similares a coelurus desarrollaron patas y cuellos más largos y dieron origen a los ornitomimosaurios. Otros comenzaron a depender de la fuerza de sus mandíbulas y dientes y se volvieron los miembros más tempranos de Tyrannosauroidea. Los miembros de otro linaje desarrollaron brazos y manos más largos, así como un tamaño más pequeño, y dieron origen a los maniraptoriformes. Para finales del Jurásico, decenas de especies de celurosaurios, representantes de numerosos clados, habitaban bosques, praderas, desiertos y humedales del mundo, típicamente en entornos donde los ceratosaurios, megalosauroides y alosauroides eran los grandes depredadores dominantes.

El Cretácico puede considerarse la era de los celurosaurios. Aunque otros grupos de terópodos aún estaban presentes, estos fueron los que evolucionaron para ocupar la mayor variedad de nichos ecológicos y exhibir la mayor diversidad de tamaños corporales y la variación más profunda en la forma del cuerpo y el cráneo. Un afortunado observador que explorara un hábitat del Cretácico tardío en América del Norte o en Asia podría haber visto ornitomimosaurios gigantes y omnívoros, así como aterradores tiranosauroides y maniraptoriformes, por ejemplo dromeosáuridos del tamaño de coyotes, ovirraptorosaurios del tamaño de avestruces, terizinosaurios gigantes y una gran diversidad de aves.

Véase también: maniraptoriformes; ornitomimosaurios; tetanuros; tiranosauroides

Ceratópsidos

Clado de ceratopsios más grande y diverso que incluye a los taxones grandes, de largas golas y cuernos, como

Styracosaurus, *Chasmosaurus* y *Triceratops*. El tricerátops y algunas especies relacionadas eran realmente gigantescos, pues podían alcanzar hasta nueve metros de longitud y diez toneladas de peso, además, poseían cráneos de más de dos y medio metros de largo. Los ceratópsidos son casi exclusivamente de América del Norte, con una excepción que abordaré más adelante. Las golas de los ceratópsidos son fantásticamente variables: difieren en tamaño y figura general, así como en la forma, el número y la posición de las proyecciones alrededor de sus bordes, y a lo largo de la línea media y el ápice.

Los ceratópsidos experimentaron una importante diversificación en América del Norte. Su evento evolutivo más notable fue la división en los centrosaurinos, de golas y caras cortas, y los chasmosaurinos, de golas y caras largas, hace unos 80 millones de años. Por lo común, los centrosaurinos carecen de cuernos sobre los ojos (llamados cuernos supraorbitales), mientras que los chasmosaurinos generalmente poseen cuernos largos. La existencia de ambos clados fue reconocida a

PACHYRHINOSAURUS

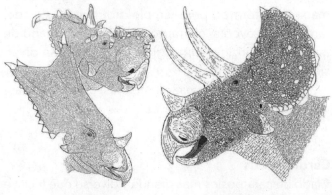

CHASMOSAURUS   *TRICERÁTOPS*

principios de 1900, pero el tricerátops —uno de los primeros ceratópsidos en ser descubierto y nombrado— siempre fue motivo de controversia, ya que tiene una gola corta, como un centrosaurino, pero una cara larga y cuernos supraorbitales elongados, como un chasmosaurino. El *Pachyrhinosaurus* del Cretácico tardío, notable por su falta de cuernos y la presencia de una gran protuberancia nasal, también desató controversia tras su descripción en 1950. En estudios de las décadas de los sesenta y setenta, Wann Langston mostró que el tricerátops era un miembro inusual de Chasmosaurinae, mientras que el pachyrhinosaurio era un miembro inusual de Centrosaurinae. Los estudios publicados a partir de 1990 han respaldado este trabajo.

Aproximadamente desde 1994, una larga serie de hallazgos ha añadido nuevas ramas y complejidad a los clados centrosaurinos y chasmosaurinos. Varios descubrimientos muestran que los centrosaurinos más antiguos poseían cuernos supraorbitales largos, lo cual ya se sospechaba, dado que los ceratopsios cercanos al ancestro de los ceratópsidos, como *Zuniceratops*, también los tienen.

Hasta ahora, solo se conoce un ceratópsido que no procede de América del Norte: el *Sinoceratops*, del Cretácico tardío de China. Debido a que pertenece a un clado que, salvo en este caso, es exclusivamente norteamericano (los centrosaurinos), su descubrimiento parece indicar que ocurrió un único evento de migración en la historia del clado que implicó el traslado desde América hacia Asia. Sin embargo, existe la sospecha subyacente de que el sinocératops posee una historia más compleja. Es posible que haya más ceratópsidos asiáticos esperando ser descubiertos.

Véase también: ceratopsios

Ceratopsios

Clado de ornitisquios del Jurásico y Cretácico, cuya denominación apropiada es Ceratopsia y que a menudo recibe el nombre de *dinosaurios con cuernos*. Este clado incluye a *Triceratops* y sus parientes. Los ceratopsios eran famosos por estar equipados (aunque no universalmente) con una gola ósea en la parte posterior del cráneo, y cuernos en la nariz y sobre los ojos. Tricerátops y sus parientes —los más conocidos de los ceratopsios— pertenecen a Ceratopsidae, un clado principalmente norteamericano cuyas especies son del tamaño de un rinoceronte o un elefante. Otros clados de ceratopsios tienen una anatomía menos sobresaliente. Muestran una tendencia evolutiva principal a lo largo del clado: pasaron de ser pequeños y bípedos a convertirse en cuadrúpedos de tamaño mediano y llegaron a ser gigantes con grandes cráneos, ornamentados y con golas óseas, equipados con picos agrandados y baterías dentales con dientes complejos.

Los ceratopsios más antiguos y con menos modificaciones anatómicas incluyen a los chaoyangsáuridos del Jurásico tardío de China (y tal vez del Cretácico inferior de Alemania) y a los psitacosáuridos del Cretácico inferior de Asia oriental. Los miembros de estos clados medían entre uno y dos metros de longitud y eran bípedos. No tenían golas óseas ni cuernos, pero sus cráneos estaban ensanchados a lo largo de las mejillas y poseían un pico estrecho y curvado donde un hueso adicional, el rostral, proporcionaba y aumentaba el soporte mecánico para el pico en la mandíbula superior. El ceratopsio arcaico mejor conocido es *Psittacosaurus*, un dinosaurio con cientos de especímenes que pertenecen a más de diez especies. Estas provienen de sedimentos depositados durante cerca de

20 millones de años, un periodo atípicamente largo para un taxón de dinosaurios que se ha considerado como un género.

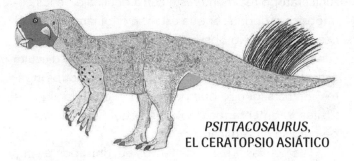

PSITTACOSAURUS,
EL CERATOPSIO ASIÁTICO

Hace unos 135 millones de años, los ceratopsios similares a psitacosaurios dieron origen al clado Neoceratopsia. Los neoceratopsios primitivos —similares en tamaño y forma a los psitacosaurios en un inicio— se diferenciaron por tener una gola ósea corta y un hocico poco profundo. Hace 110 millones de años aproximadamente ya se habían diversificado y habían dado origen a varios clados adicionales. Entre estos se encuentran los leptoceratópsidos, un clado principalmente cuadrúpedo y de gran tamaño, procedente de Asia, América del Norte y Europa, que persistió hasta el final del Cretácico. Mejor conocidos son los coronosaurios, cuyos miembros arcaicos incluyen a *Protoceratops* de Asia oriental. Los coronosaurios similares al proceratopo dieron origen a formas cuadrúpedas de tamaño mediano, de cerca de tres y medio metros de longitud, como el *Zuniceratops* del sur de Estados Unidos, el primer ceratopsio en poseer cuernos supraorbitales y que, a su vez, parece estar cerca del linaje de los ceratópsidos. Como hay mucho que decir sobre estos, tienen su propia sección en el libro.

La mayor parte de la evolución de los ceratopsios ocurrió en Asia, pero parece que el clado migró dentro y fuera de América del Norte durante su historia. Si el zunicerátopo realmente está cerca del linaje de los ceratópsidos, podría ser que estos se originaran en América del Norte. No obstante, otro ceratópsido cercano, *Turanoceratops,* procede de Uzbekistán, lo que dificulta esta afirmación. ¿Existieron ceratópsidos en otros lugares? Se ha sugerido que podría ser el caso de algunos fósiles fragmentarios de América del Sur y Australia, pero no se ha verificado.

Las huellas y los sedimentos encontrados en sus restos muestran que eran animales terrestres que habitaban lugares boscosos, aunque algunos, como el procerátopo, habitaban desiertos. Hay quien propone que algunas especies podrían haber sido anfibias, ya sea porque tenían una forma vagamente similar a la de los hipopótamos, porque sus restos se han conservado en entornos acuáticos o porque las largas espinas óseas en la cola de ciertos ejemplares podrían haber sostenido una aleta. Estas afirmaciones se basan en una selección limitada de evidencia y en la exclusión de otras piezas. Es posible que algunos ceratopsios tuvieran hábitos acuáticos, pero se tendrían que realizar más estudios para aceptar esta idea.

Los cuerpos anchos y voluminosos, los picos cortantes y las baterías dentales de los ceratopsios indican que eran herbívoros, que consumían plantas ricas en fibra, y que probablemente se alimentaban de la vegetación que crecía de uno a dos metros por encima del suelo. Una idea divertida que ha tenido cierta aceptación en la comunidad de paleoarte es que, en ocasiones, podrían haber aprovechado cadáveres y masticado huesos, y es posible que las especies más pequeñas fueran omnívoras. Los picos estrechos, las mandíbulas poderosas y el aspecto feroz de estos dinosaurios apuntan a que eran formidables y agresivos, capaces de dar batalla si un depredador no lograba aventajarlos de inmediato. Esto, por supuesto, es completamente especulativo… buena suerte en su búsqueda de la demostración científica.

Uno de los fósiles más notables del mundo —apodado «dinosaurios luchadores», descubierto en Mongolia en 1971— preserva un proceratopo y un *Velociraptor* trabados en combate. Ambos parecen haber muerto después de que la arena los enterrara. La mano izquierda del velocirráptor está enganchada sobre la cara del proceratopo, mientras que su pata izquierda está clavada en su cuello. Sin embargo, el proceratopo tiene el brazo derecho del velocirráptor en su boca y está en una pose agazapada sobre él, por lo que su contrincante no tenía una clara ventaja.

Los expertos han discrepado sobre la velocidad y agilidad de estos animales. Todos los ceratopsios más pequeños que una oveja probablemente eran corredores rápidos, pero esto no se puede asegurar de los más grandes. Bakker argumentó, en sus escritos de los años setenta y ochenta, que la fuerza ósea, el tamaño de músculos y tendones, las proporciones y el grado de movimiento de las extremidades del tricerátops eran suficientes para que galopara. Su ilustración de 1971 de un par de *Chasmosaurus* galopando es una imagen icónica del Renacimiento de los dinosaurios. Los esfuerzos más recientes por probar estas afirmaciones han encontrado que podían correr con rapidez y trotar, pero es poco probable que galoparan.

Por último, ¿cuál es la función de esas golas y cuernos? Estas estructuras enormes y llamativas seguramente evolucionaron para realizar funciones de gesticulación o de combate, y quizás podían ser útiles durante la temporada de apareamiento. También es posible que tuvieran funciones de defensa contra depredadores, de termorregulación, rompimiento de árboles o lo que sea, pero su evolución fue impulsada principalmente por las presiones de la selección sexual, tal como pasó con las astas de los ciervos, los cuernos de los antílopes, las colas del pavo real y los cascos del camaleón. Cicatrices, cavidades y puntas de cuerno rotas confirman que los ceratópsidos lucharon con sus cuernos y crestas.

Un libro particularmente bueno que compila nuestro conocimiento sobre los ceratopsios y la historia de su investigación es *The Horned Dinosaurs* (Los dinosaurios con cuernos) de Peter Dodson, publicado en 1996.

Véase también: ceratópsidos; marginocéfalos

Ceratosaurios

Grupo de terópodos nombrado por el dinosaurio con cuernos del Jurásico *Ceratosaurus*, pero puesto en debate en ocasiones para incluir a los celofísidos del Triásico y Jurásico, los dilofosáuridos del Jurásico y los abelisáuridos y noasáuridos, casi todos del Cretácico. El ceratosaurio se conoce desde 1884. Algunas de sus características, como sus manos de cuatro dedos y su hilera de nódulos óseos a lo largo de la línea media de su espalda, parecen primitivas, mientras que otras son avanzadas y similares a las de las aves. Como resultado, entre finales del siglo XIX y la década de los ochenta, los expertos estuvieron en desacuerdo sobre su posición evolutiva. Algunos lo relacionaron con megalosauroides; otros, con celurosaurios, y algunos más lo consideraron un terópodo arcaico digno de su propio clado.

En su reseña de 1986 sobre la filogenia de los terópodos, Jacques Gauthier argumentó que el ceratosaurio y los abelisáuridos pertenecían al mismo grupo que los celofísidos y los dilofosáuridos, pues todo el conjunto, argumentó, se caracterizó por tener una placa ósea en el costado del extremo superior del hueso del muslo y cuernos o crestas faciales. Gauthier adoptó el nombre Ceratosauria para el grupo que Marsh había publicado en 1884 y propuso que era un clado, grupo hermano de Tetanurae. Esta idea es interesante, ya que sugería que existían dos clados de terópodos contemporáneos descendientes del mismo ancestro: uno (Ceratosauria) más arcaico que el otro y con un aspecto facial distintivo. Una analogía tentadora formulada más de una vez sugiere que los ceratosaurios podrían imaginarse como los marsupiales del mundo de los terópodos y los tetanuros como los placentarios… pero no lo pienses demasiado porque se vuelve menos defendible cuanto más lo analizas.

Lamentablemente, los estudios recientes no han respaldado la visión de Gauthier; en su lugar han encontrado que el ceratosaurio y los abelisáuridos están más cerca de los tetanuros que de los celofísidos y los dilofosáuridos. ¿Esto significa que deberíamos abandonar el nombre Ceratosauria? Quizá, aunque si existe un clado de ceratosaurios y abelisáuridos, como consideran algunos expertos, no tendremos que hacerlo. El hecho de que el nombre Ceratosauria haya sido utilizado de diferentes maneras significa, hoy en día, que cualquier persona que lo utilice debe explicar a qué versión del término se refiere.

El ceratosaurio medía aproximadamente seis metros de longitud. Su tamaño, combinado con sus dientes largos y su cráneo grande y profundo, indica que era un depredador de animales grandes. Es probable que lo mismo fuera cierto para los abelisáuridos. Los celofísidos, que medían entre tres y cuatro metros, eran distintos: sus cráneos poco profundos y estrechos, y sus proporciones livianas, sugieren que depredaban artrópodos, pequeños reptiles y quizá peces. Los dilofosáuridos, que medían de seis a siete metros de longitud, tenían una complexión parecida a la de los celofísidos gigantes y pesados, y algunos expertos han argumentado que eso es exactamente lo que eran. Los dilofosáuridos son famosos por sus ornamentos craneales extravagantes. *Dilophosaurus*, del Jurásico inferior del sur de Estados Unidos, tenía crestas óseas gemelas y planas que podrían haber sido parte de una estructura más grande, similar a un casco. *Cryolophosaurus* del Jurásico inferior de la Antártida tiene una cresta vertical parecida a un abanico formada por proyecciones óseas planas y similares a dedos sobre sus ojos. Estas crestas, cuernos y otras estructuras se usaron presumiblemente en los rituales de cortejo y la comunicación, al igual que las aves y los lagartos modernos usan las estructuras similares que poseen.

Véase también: abelisáuridos; tetanuros

Colonias de anidación de hadrosáuridos

Para los años setenta se tenía claro que los dinosaurios no aviares construían nidos para depositar sus huevos ovalados o casi esféricos. Este hecho se demostró cuando se hallaron huevos y nidos fosilizados en distintas regiones del mundo. Los más famosos se encontraron durante los años veinte en las rocas del Cretácico tardío de Mongolia. Sin embargo, había poca claridad sobre si los dinosaurios no aviares practicaban el cuidado parental, si su anidación era solitaria o social, o si tenían preferencia con respecto a los sitios de anidación. La escasez de huevos y nidos de dinosaurios mesozoicos llevó a la creencia de que su comportamiento de anidación se restringía a lugares altos, aunque la dificultad para encontrar ejemplares de crías seguía sin justificación.

Esto cambió durante finales de los setenta y a lo largo de los ochenta, cuando algunos estudios liderados por Jack Horner anunciaron hallazgos en el oeste de Montana, Estados Unidos. En 1978, Horner y su amigo y colega, Bob Makela, visitaron el pequeño pueblo de Bynum, Montana. En una tienda de rocas y fósiles propiedad de Marion Brandvold, les pidieron identificar algunos huesos pequeños que resultaron ser de una cría de hadrosáurido de alrededor de 45 centímetros de longitud. Este fue el primero de varios descubrimientos sorprendentes.

Los huesos provenían de los sedimentos de la formación Two Medicine: una capa del Cretácico tardío con aproximadamente 77 millones de años de antigüedad. Después de explorar el sitio exacto donde Brandvold los había encontrado, Horner y Makela descubrieron muchos otros huesos que revelaron ser de 14 individuos. Estaban mezclados y se preservaron en lo que originalmente había sido una depresión circular en la cima de un montículo. Algunos de ellos tenían adheridos fragmentos de cáscara de huevo. Se trataba del nido de un hadrosáurido, y los restos pertenecían a un miembro desconocido de este grupo al que llamaron *Maiasaura* (que significa «lagarta buena madre») en 1979. El cráneo de un adulto se encontró aproximadamente a cien metros de distancia. Dado que las crías murieron en el nido, Horner y Makela propusieron que existía el cuidado parental, pero que este desafortunado grupo había muerto de hambre cuando sus padres no pudieron volver para atenderlo.

En estudios posteriores, Horner informó sobre la presencia de otros seis o más nidos de maiasaurios en el mismo sitio, todos a una distancia de aproximadamente siete metros. Esa era la evidencia de que este hadrosáurido, y presumiblemente los hadrosáuridos en general, anidaban en colonias. Los descubrimientos se realizaron en el momento perfecto, ya que fueron anunciados cuando los escritores y los periodistas seguían impactados por las implicaciones del Renacimiento de los dinosaurios. El hallazgo demostraba que los dinosaurios no aviares tenían comportamientos complejos, incluso similares a los de las aves, en sus conductas de reproducción. Como consecuencia, los maiasaurios tienen su propia sección en prácticamente todos los libros o artículos sobre dinosaurios posteriores a 1979. Ellos y sus lindas crías de hocico corto están entre los hadrosáuridos que se ilustran más a menudo.

El modelo de Horner sobre el anidamiento y el comportamiento parental en maiasaurios propone que estos animales se reunían en colonias para anidar, que construían nidos en forma de cráter cerca de vegetación en descomposición en donde incubaban una nidada de 20 a 30 huevos, que uno o ambos padres llevaban comida a las crías, y que estas permanecían en el nido hasta que alcanzaban el metro de longitud. Los descubrimientos posteriores realizados en otros lugares, como Montana y Devil's Coulee, en Alberta, Canadá, han respaldado este modelo de anidamiento colonial y cuidado parental. De hecho, el anidamiento colonial también se ha documentado en saurópodos y terópodos no aviares.

Véase también: hadrosáuridos; Horner, Jack; Renacimiento de los dinosaurios

Crystal Palace

Parque del sur de Londres ubicado en Penge (y no en Sydenham, como solía decirse), famoso por exhibir modelos de tamaño real de animales prehistóricos. Estos fueron construidos a principios de la década de 1850 como parte de un proyecto de divulgación bien financiado y diseñado para acompañar la reubicación del edificio del Crystal Palace desde Hyde Park, donde formaba parte de la Gran Exposición de 1851, hasta su nuevo hogar en Penge Common. Allí se construyó un parque temático paisajístico de geología ecológica que incorporaba lagos, fuentes, áreas boscosas y jardines. Los modelos se colocaron en islas. Crystal Palace Park sigue en uso hoy en día, pero su apariencia y función han cambiado de manera radical, sobre todo desde que el edificio del palacio se incendió en 1936.

Los modelos representan a los tres miembros fundadores del superorden Dinosauria —*Megalosaurus, Iguanodon* y *Hylaeosaurus*— así como a ictiosaurios, plesiosaurios, pterosaurios, un mosasaurio y varios animales del Paleozoico y Cenozoico. Naturalmente, sus figuras fueron hechas con base en el conocimiento de la época, de modo que el iguanodonte es un cuadrúpedo rinoceróntido con un cuerno nasal; *Megalosaurus* es una especie de mezcla entre oso, cocodrilo y elefante, y el hylaeosaurio es una criatura similar a una iguana con una hilera de espinas. Se ha afirmado e insinuado que los modelos están hilarantemente desactualizados; sin embargo, estaban al día en el momento de su construcción y sería más sensato describirlos como representaciones precisas y fieles del conocimiento científico de su época. Su diseño y construcción estuvieron a cargo del artista y escultor Benjamin Waterhouse Hawkins, a quien se le encomendó dar vida a la descripción de estos animales que realizó Richard Owen. Owen recibe crédito como asesor científico, pero aún sigue en duda qué papel desempeñó exactamente, más allá de escribir el folleto.

UNO DE LOS DOS EJEMPLARES DE *IGUANODON* DEL CRYSTAL PALACE

El interés histórico en los modelos del Crystal Palace siempre ha existido. Sin embargo, solo a partir de la década de los noventa los interesados en las reconstrucciones artísticas de animales prehistóricos empezaron a prestar atención detallada a su anatomía y a la historia de su construcción. Cada vez se reconoce más que son piezas de artesanía fantásticamente matizadas y detalladas, y este interés ha ido de la mano con los esfuerzos de restaurar, cuidar, valorar y celebrar los modelos y sus alrededores. En 2020 se instaló un puente que permite acceder con mayor facilidad para darles mantenimiento, sin embargo, el deterioro y el vandalismo hacia los modelos también han continuado; la cara del *Megalosaurus*, específicamente, fue destruida por un miembro del público británico.

Véase también: Owen, Richard

D

Deinonychus

Pocos dinosaurios no aviares pueden considerarse tan icónicos como *Deinonychus antirrhopus*, especie nombrada por John Ostrom, en 1969, después de los descubrimientos realizados en la Formación Cloverly del Cretácico inferior, en Montana, Estados Unidos de América. Ostrom advirtió que el deinonico era un miembro de Dromaeosauridae, un clado de terópodos maniraptoriformes nombrado por William D. Matthew y Barnum Brown en 1922. Antes del trabajo de Ostrom, los dromeosáuridos eran poco comprendidos y se consideraban depredadores sin descripción, similares a tiranosáuridos en miniatura. Matthew y Brown en realidad consideraban que los dromeosáuridos eran un subgrupo dentro de Deinodontidae, su nombre preferido para Tyrannosauridae.

Ostrom describió al deinonico como un depredador de tamaño mediano: media alrededor de 3.5 metros de largo y pesaba cerca de 60 kilos. Poseía manos largas, una muñeca flexible parecida a la de un pájaro, una cola que mantenía rígida gracias a varillas óseas entrelazadas y miembros traseros poderosos en cuyo segundo dedo había una enorme garra fuertemente curvada, en forma de hoz, que mantenía por arriba del suelo. Esta garra inspiró a Ostrom para nombrar al deinonico, pues la palabra significa «garra terrible». Ostrom sugirió que era un arma para desentrañar que desplegaba mientras se mantenía en pie con una pata y pateaba con la otra. Realizar esta acción requiere agilidad y un excelente equilibrio, por lo que representa una evidencia de que algunos dinosaurios eran depredadores dinámicos, ágiles y de sangre caliente. La ilustración realizada por Robert Bakker de un deinonico en pleno movimiento, que acompañaba la descripción de Ostrom de 1969, ayudó a colocarlo en el centro de todas las discusiones sobre el Renacimiento de los dinosaurios.

Además, con base en el descubrimiento de los restos de varios individuos de esta especie juntos, Ostrom propuso que el deinonico cazaba en manada. Señaló que vivía en grupo y se unía para matar dinosaurios grandes. En su opinión, el ornitópodo *Tenontosaurus*, del tamaño de un rinoceronte, era su presa favorita.

Hoy sabemos que Ostrom no fue en realidad el primero en «descubrir» esta especie. Barnum Brown y Peter Kaisen descubrieron unos huesos de deinonico en una expedición del Museo Americano de Historia Natural en 1931. Brown incluso llegó a preparar una reconstrucción del esqueleto para una publicación que tenía planeada. El nombre provisional que utilizó fue

Daptosaurus agilis. Sin embargo, lamentablemente, nunca tuvo tiempo de terminar este trabajo... un problema que cualquier científico en activo conoce bastante bien.

El deinonico no adquirió mayor visibilidad desde la publicación de la monografía de Ostrom en 1969, excepto por la aparición de nuevos estudios sobre su paladar, forma del hocico y orientación de las manos. Los fósiles de dromeosáuridos de China muestran que, sin importar si eran grandes o pequeños, estos animales estaban completamente emplumados, y sus plumas eran parecidas a las de arqueoptérix y otras aves arcaicas. Sus extremidades anteriores tenían forma de ala y estaban orientadas de manera que las palmas permanecían fijas hacia adentro. Todas estas características habrían sido compartidas por el deinonico. Era similar a un halcón gigante, de cola larga y enérgico.

Las opiniones de Ostrom sobre el comportamiento y el estilo de vida de este dinosaurio también han sido sometidas a revisión. Resulta que las garras en forma de hoz no estaban diseñadas para rebanar ni para cortar animales gigantes, sino para agarrar o sujetar a los pequeños. Además, la idea de Ostrom de que era un cazador en grupo ha sido fuertemente debatida. Algunos expertos han afirmado que no era probable que cazaran en grupo, pues, según consideran, es una costumbre más común en los mamíferos que en los reptiles y no tiene fundamento en datos geológicos, pues los individuos que Ostrom señaló como miembros de un grupo social probablemente se reunieron por accidente (por ejemplo, cuando fueron arrastrados juntos por el agua durante una inundación). No obstante, esta afirmación no parece del todo correcta, pues la conducta social está razonablemente respaldada en estos animales y no puede solo descartarse. El deinonico no es el único dromeosáurido del cual se han descubierto varios individuos en asociación, y la diversidad de estrategias de caza en grupo presentes en lagartos y aves modernas muestra que la cooperación y la vida en grupo están lejos de ser comportamientos exclusivos de los mamíferos. Es plausible que el deinonico a veces cazara solo, pero también es probable que los individuos acecharan y buscaran alimentos en conjunto, que cooperaran en el rastreo y la persecución de presas como pequeños ornitisquios, y que durmieran y anidaran en grupos.

Véase también: Bakker, Robert; maniraptoriformes; Ostrom, John; Renacimiento de los dinosaurios; retención de presas de rapaces

Dinosauroide

La idea de que la vida en la Tierra sería muy diferente si los dinosaurios no aviares no se hubieran extinguido es un escenario común de la ciencia ficción, aunque también ha sido explorada por científicos y escritores de ciencia. A partir de 1969, el paleontólogo canadiense Dale Russell (1937-2019) publicó una serie de trabajos sobre troodóntidos, un grupo de maniraptoriformes notable por sus cerebros proporcionalmente grandes (es decir, grandes para los dinosaurios no aviares). Russell estaba especialmente interesado en la evolución de la inteligencia, la posibilidad de la vida extraterrestre y el proyecto de Búsqueda de Inteligencia Extraterrestre (o SETI, por sus siglas en inglés).

Russell se preguntó cómo podrían ser los troodóntidos si no se hubieran extinguido hace 66 millones de años. Exploró esta hipótesis en un artículo de 1982, coescrito con el fabricante de modelos y taxidermista del Museo Canadiense de la Naturaleza, Ron Séguin, quien se había encargado de construir un modelo de tamaño real de un troodóntido. A través de la colaboración con Russell, Séguin también construyó un descendiente hipotético de troodóntido. Ambos propusieron que los troodóntidos habrían desarrollado un cerebro más grande de haber sobrevivido más allá del Cretácico, y que esto los habría llevado a tener postura erguida, cola pequeña y forma humanoide. Llamaron a la criatura resultante el *dinosauroide*.

Las opiniones sobre el dinosauroide han tomado dos rumbos. Por un lado, hay argumentos que defienden que la evolución convergente es tan omnipresente y la forma humana tan efectiva en diseño, que la evolución de dinosaurios humanoides era plausible, y quizás probable o inevitable. Esta idea ha sido promovida por científicos evolutivos y autores como Simon Conway-Morris y Richard Dawkins. Por otra parte, un grupo integrado principalmente por paleontólogos especializados en dinosaurios sostiene que la premisa subyacente de Russell —la de que los troodóntidos se habrían vuelto humanoides si hubieran desarrollado cerebros más grandes— está equivocada, ya que un maniraptoriforme de cerebro grande seguiría siendo similar a un maniraptoriforme, no se orientaría hacia una dirección humanoide de la evolución.

Antes del proyecto de Russell y Séguin, se retrataron innumerables criaturas similares a los dinosauroides. Por ejemplo, los mahars y los horibs de los escritos de Edgar Rice Burroughs, los silurianos de *Doctor Who* y los sleestaks de *Tierra de los perdidos*. Sin embargo, no hay indicios de que alguno de estos haya sido inspirado por la creación de los dinosauroides. Otras criaturas ficticias aparecieron después, a veces como homenaje, pero en otras ocasiones (como con Yilané, de Harry Harrison, en *Al oeste del Edén*, de 1984) para mostrar que el autor podía retratar reptiles inteligentes más «verosímiles». Aproximadamente desde 2014 numerosos artistas empezaron a inventar sus propios «dinosauroides», la mayoría de los cuales son animales emplumados y de cuerpo horizontal que se asemejan más a los maniraptoriformes que a humanoides verdes y escamosos.

Hay indicios de que Russell estaba descontento con la recepción predominantemente negativa que recibió el dinosauroide, quizás porque dañó su credibilidad. Sin embargo, el objetivo más importante del proyecto era impulsar una discusión sobre la posibilidad de que la forma humanoide se desarrollara en otras formas de vida. En este sentido, las palabras finales de su artículo de 1982 con Séguin resaltan lo siguiente: «Invitamos a nuestros colegas a identificar soluciones alternativas». Desde este punto de vista, el experimento fue un gran éxito. El dinosauroide continúa siendo una figura de referencia en las discusiones sobre la evolución especulativa, existen numerosas copias del modelo de Séguin, y son pocas las personas interesadas en los dinosaurios que no están al tanto de él.

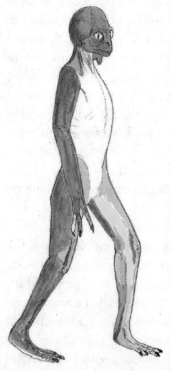

Véase también: maniraptoriformes

Diplodocoides

Clado de los saurópodos que incluye a los rebaquisáuridos arcaicos, a los dicreosáuridos y a los diplodócidos, ambos con colas en forma de látigo. Las características distintivas que unen a los tres grupos son coronas de dientes delgadas, y costillas cortas y no superpuestas en las vértebras del cuello. Un diplodocoide típico tiene cuello y cola especialmente largos, así como cráneo ligero, largo y de hocico poco profundo con boca cuadrada. Los cráneos de algunos rebaquisáuridos son inusuales, pues el extremo del hocico es la parte más ancha y es la única parte dentada. Las puntas de la cola en forma de látigo de los dicreosáuridos y diplodócidos probablemente tenían una función ofensiva o defensiva.

Los diplodocoides mejor conocidos son los animales de la formación Morrison *Diplodocus*, *Barosaurus*, *Apatosaurus* y *Brontosaurus*, todos los cuales pertenecen a Diplodocidae. Este grupo incluye algunos de los dinosaurios más grandes, varios de los cuales superan los 25 metros de longitud. *Maraapunisaurus* es posiblemente más grande y también proviene de la formación Morrison. Sus restos, ahora perdidos, sugieren que tenía una longitud de más de 30 metros. Durante mucho tiempo, maraapunisaurios fue considerado un diplodócido, pero recientemente fue reidentificado como un rebaquisáurido.

Algunos aspectos de la biología y del comportamiento de los diplodocoides siguen siendo tema de debate. Las extremidades anteriores relativamente cortas, las espinas vertebrales altas en la región de la cadera y el centro de masa ubicado en la parte posterior, entre otras características, han llevado a algunos investigadores a sugerir que los diplodócidos eran buenos para mantenerse en posición bípeda o trípode. Tal vez

lo hacían para alcanzar vegetación alta, erguirse durante peleas, o intimidar o luchar contra grandes terópodos. La postura habitual del cuello de estos animales
también ha motivado una controversia: algunos investigadores sostienen que los cuellos de los diplodocoides estaban limitados a una postura horizontal, quizás
con una curva hacia arriba o incluso hacia abajo en el
extremo de la cabeza, mientras que otros (entre los que
me incluyo) creemos que los cuellos se mantenían ergui-
dos la mayor parte del tiempo. Al sumar estos elementos, llegamos a una tercera área de debate: el comportamiento alimentario. ¿Los diplodocoides usaban sus
cuellos ultralargos para alcanzar el suelo y cortar helechos,
equisetos y cícadas, o estaban mejor adaptados para
alimentarse más arriba del alcance de otros herbívoros,
hacia la copa de los árboles? Mi opinión es que hacían
ambas cosas según fuera necesario, y su comportamiento variaba de acuerdo con la especie y la etapa de
vida. Las afirmaciones de que las posturas de cuello
erguidas serían limitadas por la presión sanguínea son
ingenuas, dado que el cuello de los saurópodos, una
estructura mucho más grande que la de cualquier animal vivo, implicaba casi con seguridad la existencia de
especializaciones notables en los tejidos blandos.

Los diplodocoides se asocian principalmente con
el Jurásico tardío. Sin embargo, el dicreosáurido chino
Lingwulong muestra que se diversificaron en tres grupos
principales antes del Jurásico medio. A pesar de esto,
los rebaquisáuridos son predominantemente del Cretácico (el maraapunisaurio es una excepción). Los cuellos
relativamente cortos, los hocicos curvados hacia abajo
y las bocas anchas de los rebaquisáuridos podrían demostrar que se especializaban en alimentarse a nivel del
suelo. Tanto los diplodócidos como los dicreosáuridos

persistieron en el Cretácico en América del Sur; entre los últimos se encuentran los notables dicreosáuridos *Bajadasaurus* y *Amargasaurus*, ambos de Argentina. Las largas espinas óseas que sobresalen hacia arriba de las vértebras del cuello probablemente estaban cubiertas de cuerno y tal vez se usaban durante sus rituales de cortejo.

Véase también: Brontosaurus; formación Morrison; saurópodos

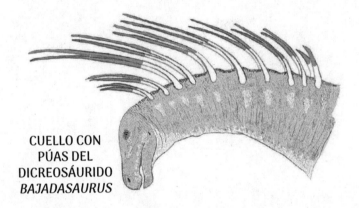

CUELLO CON
PÚAS DEL
DICREOSÁURIDO
BAJADASAURUS

E

Escansoriopterígidos

Clado de maniraptoriformes del Jurásico medio y tardío de China que se distingue por su tamaño similar al de un zorzal o una paloma (de 20 a 30 centímetros aproximadamente), cráneos de cara corta, dedos largos y... ¡membranas para planear! Los escansoriopterígidos entraron a escena en 2002, cuando Fucheng Zhang y sus colegas publicaron el descubrimiento de *Epidendrosaurus*, dinosaurio que proviene de la formación Tiaojishan, una unidad geológica que parece abarcar el Jurásico medio y el tardío. Zhang y sus colegas consideraron que el epidendrosaurio es un miembro temprano, trepador de árboles y de cola larga, del clado Avialae. Un segundo animal —*Scansoriopteryx*— se publicó aproximadamente al mismo tiempo. Hoy se acepta que ambos son el mismo y que el epidendrosaurio se dio a conocer primero.

Los largos dedos de estos dinosaurios llevaron a pensar que los usaban para extraer insectos de los agujeros de los árboles. Esta no es una mala idea, pero es incongruente con el hecho de que tales dedos tenían plumas. De hecho, todo su cuerpo estaba cubierto de plumas, como era común en los maniraptoriformes. Otro miembro del grupo, *Epidexipteryx* (te deseo buena suerte pronunciando el nombre), se publicó en 2008. Estructuras largas y en forma de cinta brotaban del final de su cola corta; estas se asemejan a las plumas de exhibición de algunas aves modernas y es probable que fueran precisamente eso. De ser así, muestran que este espécimen estaba en (o cerca de) la madurez sexual. De nuevo, epidexiptérix es del tamaño de un zorzal, lo que confirma que incluso los escansoriopterígidos adultos eran diminutos.

Otra sorpresa se reveló en 2015, cuando se describió a *Yi qi*. Tenía plumas y otros rasgos característicos del grupo, pero también una membrana alar unida a su tercer dedo. Una espícula ósea que sobresalía de la muñeca, llamada *elemento estiliforme*, ayudaba a sostener la membrana. Esta era la evidencia de que los maniraptoriformes habían experimentado con alas membranosas, una idea sugerida en múltiples ocasiones pero nunca confirmada. Yi qi fue una gran noticia e inspiró la proliferación de reconstrucciones artísticas. Casi todas ellas convirtieron a esta criatura torpe del tamaño de una paloma en un dragón mortífero, negro y aterrador, aunque en la realidad seguramente se habría parecido más a un loro grisáceo. Un segundo escansoriopterígido con alas membranosas —*Ambopteryx*— fue publicado en 2019.

¿Cómo vivían estos animales? Sus cráneos cortos, hocicos orientados hacia abajo y dentaduras prominentes sugieren hábitos insectívoros, pero es posible que fueran omnívoros y consumieran frutas o semillas. Sus fósiles provienen de lugares boscosos, y las membranas de planeo, el tamaño pequeño y las garras curvadas de las patas de yi qi y amboptérix sugieren que, al menos, eran habitantes de árboles. Estudios aerodinámicos muestran que ambos eran malos planeadores, incapaces de volar activamente. Por lo tanto, no hay una buena razón para pensar que tenían un estilo de vida similar al de las ardillas voladoras, que consistía en atravesar grandes brechas entre árboles, ni que estaban adaptados para volar sobre ellos. Quizás estaban especializados para un estilo de vida que implicaba dar pequeños saltos entre hábitats atestados y ricos en alimentos.

EL ESCANSORIOPTERÍGIDO
YI QI

Como ya se mencionó, algunos estudios han encontrado que los escansoriopterígidos son miembros tempranos de Avialae, y es justo decir que esta sigue siendo la idea más aceptada. Pero quizás las sugerencias de que sus afinidades yacen en otro lugar, tal vez entre los ovirraptorosaurios, sean más interesantes.

Véase también: maniraptoriformes; ovirraptorosaurios

Espinosáuridos
Entre los dinosaurios más populares y controvertidos se encuentra un grupo de tetanuros de cráneo largo que

generalmente se consideran cercanos a los megalosáuridos. Los espinosáuridos se dieron a conocer en 1915, cuando el paleontólogo alemán Ernst Freiherr Stromer von Reichenbach describió al *Spinosaurus aegyptiacus* del Cretácico tardío en Bahariya, Egipto. Era gigantesco (quizás de unos 15 metros de largo), y las espinas óseas alargadas revelaban que tenía una vela en su espalda. Como además de esto no se sabía mucho más, Stromer asumió que el espinosaurio tenía una forma similar al *Megalosaurus* o *Allosaurus*. Estos fósiles —montados en la pared de la Colección Estatal Bávara de Paleontología en Múnich— fueron destruidos durante un bombardeo aliado en abril de 1944.

En 1984 el paleontólogo francés Philippe Taquet señaló que la mandíbula inferior del *Spinosaurus* de Stromer indicaba un cráneo largo similar al de un cocodrilo. Estos comentarios fueron muy premonitorios. En 1986 se describió al nuevo espinosáurido *Baryonyx* del Wealden de Inglaterra, representado por restos más completos que los de *Spinosaurus*. *Baryonyx* no tenía una vela, pero sí tenía un cráneo similar al de un cocodrilo, el contenido estomacal mostraba que se alimentaba de peces, y sus brazos fuertemente musculosos y sus enormes garras curvadas parecían adaptadas para enganchar grandes peces. La idea de que los espinosáuridos eran dinosaurios que se adentraban en el agua y comían peces en humedales se estableció en ese momento. Esta también fue nuestra primera visión de un esqueleto de espinosáurido, y demostró que se veían bastante diferentes de cómo Stromer los había imaginado.

Descubrimientos posteriores realizados en el norte de África, España, Portugal, Brasil, Laos y otros lugares han establecido que los espinosáuridos estaban ampliamente distribuidos durante el Cretácico inferior y la parte temprana del Cretácico tardío. Parecen haber desaparecido hace aproximadamente 95 millones de años. Se conoce una posible vértebra de espinosáurido del Cretácico inferior en Australia, un miembro del grupo del Jurásico tardío —*Ostafrikasaurus*— conocido solo por dientes, proviene de Tendaguru, y se ha informado de un posible ejemplar del Jurásico medio (aún sin nombre) en Níger. Estos hallazgos indican que los espinosáuridos estaban presentes en Europa, Asia y Gondwana, pero aún no está claro si colonizaron Europa (¿y el este de Asia?) desde Gondwana, o colonizaron Gondwana desde un centro de origen europeo.

Los espinosáuridos se dividen en dos grupos: los baryonyquinos de Europa y África (que carecen de velas y tienen un gran número de dientes en la mandíbula inferior), y los espinosaurinos de África, Asia, América del Sur y Europa (que tienen velas y poseen fosas nasales retraídas). Las etapas más tempranas de la historia de los espinosáuridos siguen envueltas en misterio, ya que carecemos de fósiles que los vinculen con otros clados de tetanuros. Se ha insinuado que *Eustreptospondylus* del Jurásico medio de Inglaterra podría estar cerca del ancestro de los espinosáuridos, en parte porque tiene una cara larga y una muesca a lo largo del borde de la mandíbula superior. Sin embargo, otros estudios muestran que *Eustreptospondylus* está incluido dentro de Megalosauridae, por lo que lo anterior no puede ser correcto.

El propio *Spinosaurus* ha experimentado un cambio significativo desde la época de Stromer. En 2014, Nizar Ibrahim y sus colegas argumentaron que tenía miembros posteriores cortos, dedos palmeados, una cintura pélvica reducida y una cola flexible, y que estas características —combinadas con paredes óseas engrosadas y densas— lo convertían en un dinosaurio acuático y nadador, cuyas proporciones significaban que quizás era cuadrúpedo cuando estaba en tierra. Aún continúa la controversia en cuanto a si esta interpretación de *Spinosaurus* es precisa, ya que existen preocupaciones de que los huesos utilizados en esta nueva reconstrucción no provengan del mismo taxón. Se ha escrito una gran cantidad de información sobre este tema; podría ser el más controvertido en la ciencia de los dinosaurios de principios del siglo XXI.

SPINOSAURUS

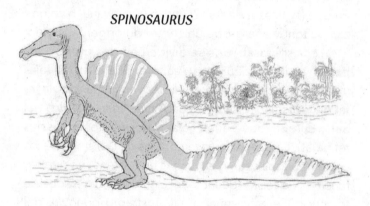

Sea cual sea el resultado, hay un acuerdo general en que las presas que más explotaban los espinosáuridos eran las acuáticas. Sus fósiles provienen de lugares donde los peces grandes eran abundantes, y los datos isotópicos los vinculan a recursos acuáticos. Se ha destacado mucho el hecho de que los espinosáuridos tienen caras similares a las de los cocodrilos. Sin embargo, los cocodrilos a los que más se parecen comen presas terrestres además de peces, por lo que podría ser incorrecto pensar que todos los espinosáuridos eran cazadores especializados en peces todo el tiempo.

Hay mucho más que podría decirse sobre estos animales, suficiente para llenar un libro entero. Al momento de escribir esto, nuevo y emocionante material de espinosáuridos del sur de Inglaterra está siendo estudiado y debería arrojar más luz sobre la biología y anatomía de este interesante grupo.

Véase también: tetanuros; Wealden

Estegosaurianos

Clado de tireóforos principalmente del Jurásico y Cretácico inferior, famoso por los picos y placas emparejadas distribuidas a lo largo de las superficies superiores del cuello, espalda y cola. El término estegosaurio significa «lagarto con techo», un apodo que al inicio eligió Othniel Marsh, en 1877, porque pensaba que las placas formaban un caparazón similar al de una tortuga. El *Stegosaurus* —el más famoso de los aproximadamente 24 géneros reconocidos— es un estegosauriano grande (de siete a nueve metros de largo) del Jurásico tardío, proveniente de Estados Unidos y Portugal, conocido por sus dos filas de placas y por los dos pares de espinas en la punta de la cola. Notablemente, las placas del *Stegosaurus* no eran simétricas, sino que estaban dispuestas de manera alternada o escalonada. *Stegosaurus* parece ser un estegosauriano inusual. La mayoría eran más pequeños (alrededor de cuatro a seis metros de largo) y estaban equipados con más espinas, o al menos placas cónicas puntiagudas en lugar de placas grandes y aplanadas.

Las extremidades traseras de los estegosaurianos son más largas que sus extremidades delanteras y sus caderas son anchas, lo que indica un enorme tracto digestivo y un estilo de fermentación en el intestino grueso para tratar los alimentos. El cráneo estegosauriano generalmente es ancho y profundo en su mitad posterior, pero estrecho (y a veces superficial) en la parte delantera. Los dientes de los estegosaurianos son diminutos, sus coronas tienen forma de hojas con bordes serrados, pero los modelos por computadora muestran que su fuerza de mordida era similar a la de los mamíferos herbívoros que pastan. Estas características indican que los estegosaurianos eran selectivos con su alimento y consumían hojas, frondas y ramas a una altura de aproximadamente un metro del suelo. Se ha propuesto la posibilidad de que pudieran erguirse sobre las extremidades traseras (quizás usando la cola como apoyo). De ser así, esto significaría que también podrían haberse alimentado a alturas de tres a cuatro metros.

Las ilustraciones más antiguas y los esqueletos de estegosaurianos montados en museos muestran una espalda arqueada, un cuello y cola inclinados hacia abajo, y una cabeza a solo centímetros del suelo. Los esqueletos articulados y las posturas adoptadas por los animales vivos muestran que estas reconstrucciones son inexactas, y que la cola debería estar casi horizontal y levantada del suelo, mientras que el cuello debería curvarse hacia arriba. La cabeza probablemente se mantenía nivelada con la espalda, si no es que más elevada. El cuello del estegosaurio no era corto, sino largo en algunos tipos; el más famoso es el *Miragaia* de Portugal.

La función de las placas y espinas estegosaurianas (en particular las de *Stegosaurus*) ha sido tema de debate, como siempre ocurre con las estructuras extravagantes en los dinosaurios. Un papel defensivo es poco probable, ya que no estaban bien situadas para este fin. Las sugerencias de que podrían haber ayudado con el control de la temperatura son interesantes y no pueden descartarse, dado que todo tipo de estructuras que sobresalen del cuerpo de los animales (crestas en la cabeza, orejas, astas, papadas, y así sucesivamente) funcionan en la regulación de calor. Sin embargo, el hecho de que los taxones estegosaurianos difirieran de manera notable en el tamaño, forma y número de sus placas, y que estas crecieran a una velocidad inusualmente rápida en relación con el resto del esqueleto, indica que las placas evolucionaron como ornamentos: como estructuras utilizadas para señalar la madurez y condición. Tal vez hayan tenido patrones audaces y colores brillantes; podríamos imaginar que los estegosaurianos presumían sus cuerpos deliberadamente, de costado, durante la temporada de reproducción.

Las espinas en la punta de la cola ciertamente eran armas, tal vez utilizadas en batallas con rivales durante el apareamiento y contra depredadores. Algunos huesos de terópodos tienen agujeros que parecen haber sido causados por las espinas de la cola de los estegosaurianos, y los modelos por computadora muestran que la cola era lo suficientemente flexible como para lanzar la punta espinada en cualquier dirección con gran alcance. En un dibujo animado de 1982, Gary Larson hizo la extravagante sugerencia de que la punta con espinas de la cola podría llamarse *thagomizador* en honor de Thag Simmons, un cavernícola que presuntamente murió a causa del ataque de la cola de un estegosaurio. Algunos expertos en dinosaurios argumentan que este nombre es lo suficientemente útil y memorable como para adoptarlo como parte del léxico técnico. Otros —como la experta en estegosaurianos Susie Maidment— piensan que es bobo y gracioso, pero que no deberíamos usarlo. Yo me iré con la opinión mayoritaria, sea cual sea.

Véase también: tireóforos

Evento K-Pg

Entre las varias extinciones masivas que han ocurrido durante la historia geológica, ninguna es tan famosa como la que puso fin al Cretácico hace 65.5 millones de años. Este suceso es conocido como evento KP o K-Pg, abreviaturas geológicas de Cretácico y Paleógeno. La abreviatura para Cretácico es K porque C se utiliza para el Cámbrico, periodo que se extiende desde hace 541 hasta hace 485 millones de años. Todos los grupos de dinosaurios, excepto las aves, desaparecieron durante el evento K-Pg, al igual que los pterosaurios, los reptiles del mar, excepto las tortugas, y numerosos grupos de invertebrados marinos. Las aves, lagartijas, mamíferos y otros grupos se redujeron en número debido a la extinción, y algunos estudios indican que hasta el 80 % de todas las especies vivas en ese momento desapareció. Sin embargo, en la mente del público, el evento es un sinónimo de la extinción de los dinosaurios.

Durante años, las hipótesis sobre el evento K-Pg fueron vagas y especulativas, y algunos libros y artículos generaron la impresión de que casi cualquier idea podía ser válida. Tales propuestas incluyen la depredación masiva y a tasas insostenibles de huevos de dinosaurio por parte de los mamíferos, la escasez de alimentos vegetales para los dinosaurios herbívoros provocada por las orugas, el fin natural de los dinosaurios y los drásticos cambios climáticos. Ideas de este tipo podrían explicar el declive de uno o dos grupos de animales, pero no de todos los que se extinguieron. Los expertos también discrepaban sobre la naturaleza del evento. Algunos decían que fue repentino y devastador, mientras que otros afirmaban que fue gradual y se debió a cambios climáticos y de hábitat.

Sin embargo, la búsqueda de una «gran causa» a menudo pasó por la mente de los expertos. Durante los años setenta, descubrimientos en astronomía y astrofísica plantearon la posibilidad de que un cataclismo relacionado con un cometa o supernova podría haber sido responsable. Por ello, en 1980, cuando Luis y Walter Álvarez, Frank Asaro y Helen Michel reportaron altos niveles de iridio en sedimentos del Cretácico terminal, se reconoció de inmediato que era un descubrimiento de gran relevancia. El iridio es raro en la Tierra y se asocia con rocas extraterrestres, por lo que suponía la evidencia definitiva de una causa extraterrestre. El equipo propuso la llamada hipótesis de Álvarez, que señala que un gran asteroide golpeó la Tierra, se desintegró e inyectó suficiente polvo en la atmósfera para evitar la fotosíntesis y provocar que las redes alimentarias se colapsaran.

No obstante, por muy atractiva que fuera esta idea, no existía evidencia del cráter de impacto, y cualquier objeto tan grande como para causar la extinción seguramente habría creado uno excepcionalmente grande. Sin embargo, sí existía un astroblema de la edad y el tamaño justos, descubierto a finales de los años sesenta, pero había sido pasado por alto, pues solo era conocido por los geofísicos que trabajaban en la industria petrolera. Este era el cráter Chicxulub, una depresión de 300 kilómetros de ancho enterrada bajo la península de Yucatán, en México. En 1991, Alan Hildebrand y un equipo de colegas identificaron ese cráter como la prueba irrefutable de la causa del evento K-Pg. La presencia de capas de roca revueltas y rotas del Cretácico tardío, pedazos de roca sobrecalentada, fragmentos de cuarzo dañados y otras piezas de evidencia respaldaron el argumento de que se había producido un impacto en Yucatán hace 65.5 millones de años.

Estudios posteriores han confirmado esta teoría. Aunque se ha afirmado que el cráter tiene la edad incorrecta, y que, por lo tanto, podría ser otra la causa de extinción, o que los dinosaurios y otras formas de vida estaban en declive antes del evento K-Pg, todas estas aseveraciones han resultado falsas.

Hace 65.5 millones de años, una roca proveniente del espacio, con un diámetro de entre 10 y 80 kilómetros, colisionó con nuestro planeta y liberó la energía equivalente a más de 100 millones de bombas nucleares. De inmediato se produjeron ondas de choque, olas de

marea de cientos de metros de altura e incendios fores-
tales. Las rocas de carbón vaporizado que formaban la
roca madre liberaron una enorme cantidad de CO_2 desde el lugar del impacto. Millones de seres vivos que estaban cerca de ahí murieron instantáneamente, pero la
causa principal de las extinciones que siguieron fue el
colapso de los ecosistemas en las siguientes décadas.
Fue un final trágico y horrible para un periodo asombroso
de la historia de nuestro planeta, pero parece apropia-
damente cósmico y grande, casi inimaginable en términos de tamaño y alcance.

F

Formación Morrison

Famoso conjunto de rocas sedimentarias establecidas durante el Jurásico Tardío que emergen del interior occidental del territorio de Estados Unidos. En particular, está asociada con Colorado y Wyoming, y ha producido una cantidad exorbitante de fósiles icónicos de dinosaurios.

La formación Morrison representa una parte importante de la historia sedimentaria, en el sur se extiende desde Nuevo México y, en el norte, hasta Canadá. Cubre alrededor de 1.5 millones de kilómetros cuadrados, aunque solo una sección está expuesta. Los sedimentos que la componen, una sucesión de areniscas, lutitas, limolitas y calizas, se depositaron entre hace 156 y 147 millones de años aproximadamente, durante las etapas Kimmeridgiense y Titoniense del Jurásico tardío. La formación lleva el nombre de Morrison, Colorado, el sitio donde el geólogo Arthur Lakes descubrió fósiles del Jurásico en 1877.

Los dinosaurios más conocidos de la formación incluyen a los terópodos ceratosaurio y alosaurio; los saurópodos camarasaurio, braquiosaurio, diplodoco y brontosaurio, y los ornitisquios *Stegosaurus* y *Camptosaurus*. Estos fósiles fueron encontrados principalmente entre los años 1877 y 1903, y se asocian con el intenso periodo de rivalidad científica conocido como la Guerra de los huesos. Asimismo, se conocen numerosos terópodos y ornitisquios pequeños de la formación Morrison, así como pterosaurios, lagartos, tortugas y mamíferos. Estos fósiles revelan la existencia de uno de los ecosistemas más complejos y mejor conocidos de todo el Mesozoico.

No obstante, la afirmación anterior es engañosa, ya que los sedimentos no preservan un solo ecosistema, sino muchos, cuyos cambios pueden observarse tanto en el tiempo como en el área, a lo largo del territorio de la formación. En ocasiones, partes de la zona relevante estaban dominadas por ambientes estacionalmente áridos, tipo parques, por pantanos, lagos y humedales, por bosques densos, así como por desiertos y regiones montañosas. Como resultado, no se encuentran los fósiles de un dinosaurio determinado en toda la formación; más bien, existen sedimentos depositados en ciertos hábitats o regiones.

De hecho, asociar los dinosaurios de la formación con hábitats particulares ha sido fundamental para nuestra concepción de los dinosaurios. Entre finales del siglo XIX y los años setenta se pensaba que los entornos de la formación eran consistentemente húmedos, tenían mucha vegetación e involucraban lagos y ríos dispersos en una llanura masiva. Esto fomentó la idea de que los saurópodos que habitaban ahí (y, por lo tanto, los saurópodos en general) eran anfibios o acuáticos, aunque cabe señalar que el paradigma de los saurópodos acuáticos fue —en una especie de circuito perverso de retroalimentación—, en parte, responsable de la perspectiva en la que los humedales dominaban los entornos de la formación Morrison.

Esta interpretación fue cuestionada durante los años setenta. Estudios de los sedimentos de la formación y sus fósiles mostraron que algunas partes se depositaron durante condiciones áridas y en llanuras de inundación secas. Este trabajo fue fundamental para la reinterpretación de la biología de los saurópodos que ocurrió en ese momento. De hecho, los dos estaban estrechamente vinculados, ya que Robert Bakker y otros investigadores de dinosaurios estaban entre los autores de este trabajo. Desde entonces se ha publicado una gran cantidad de trabajos sobre fauna, flora, ecología, sedimentología, tafonomía y edad geológica de la formación Morrison.

Aquellas personas que deseen obtener una visión más detallada de este sitio y sus fósiles deberían consultar el libro esencial de John Foster *Jurassic West: The Dinosaurs of the Morrison Formation and Their World* (Oeste jurásico: los dinosaurios de la formación Morrison y su mundo).

Véase también: Bakker, Robert; *Brontosaurus*; Guerra de los huesos; saurópodos

G

Guerra de los huesos

Nombre no oficial de la disputa del siglo XIX entre los paleontólogos estadounidenses Edward Drinker Cope y Othniel Charles Marsh, llevada a cabo entre principios de 1870 y la década de 1890. La Guerra de los huesos no es lo mismo, pero coincide con la Gran Carrera de Dinosaurios, es decir, el periodo en el que los restos de dinosaurios fueron saqueados de la región centroccidental de Estados Unidos. Los descubrimientos realizados durante este tiempo —como el *Stegosaurus*, *Allosaurus*, *Apatosaurus*, *Tricerátops*, *Brontosaurus*, etcétera— fueron fundamentales para la paleontología de vertebrados, para la fascinación del público por los dinosaurios y para la consolidación y la reputación de los grandes museos del Este.

Cope y Marsh eran hombres ambiciosos e independientes con un sólido respaldo financiero. Cope, en particular, se destacó por su talento extraordinario; su trabajo involucraba peces, anfibios y reptiles vivos, además de fósiles. Al principio, ambos mantenían una buena relación e incluso nombraron especies en honor del otro en la década de 1860. Sin embargo, su relación se deterioró cuando surgieron disputas sobre los derechos de los fósiles de ciertas áreas y desacuerdos sobre los nombres e identidades de algunos fósiles específicos.

Ambos compitieron para nombrar especies antes que el otro y cada uno evitó, deliberadamente, darle crédito al trabajo del rival.

Se dice que su rivalidad se originó en 1870, cuando Marsh señaló que Cope había reconstruido al plesiosaurio *Elasmosaurus* con el cráneo en el extremo de la cola. Cope quiso comprar y reemplazar todas las copias del trabajo que incluían esta reconstrucción incorrecta y a Marsh le gustaba contar esta historia para ejemplificar la falibilidad y la vanidad de Cope. Aunque es probable que esto haya contribuido a su mala relación, el paleontólogo pionero Joseph Leidy fue quien inicialmente corrigió a Cope en este detalle, no Marsh. Asimismo, Marsh no comenzó a contar esta historia sino hasta 1890, mucho después de que él y Cope se distanciaran. Es posible que el conflicto fuera un evento más lento y gradual que involucró desacuerdos pequeños pero numerosos.

Para 1873, los dos eran enemigos y buscaron desacreditar el trabajo del otro durante el resto de sus carreras. Ambos enviaron exploradores y buscadores de fósiles al campo para obtener primero los ejemplares. Se espiaron e incluso intentaron robarse descubrimientos. El problema llegó a su punto más álgido en 1890, en una batalla pública que se extendió por las páginas de los periódicos. Hubo acusaciones de corrupción, malversación de fondos gubernamentales y una posterior investigación por parte del Congreso.

Se ha escrito mucho sobre el legado de ambos hombres. Los dos hicieron importantes contribuciones a la paleontología, y sus nombres salen a colación en cualquier debate sobre los dinosaurios de América del Norte, especialmente de la formación Morrison. Sin embargo, sus trampas dañaron la reputación de la paleontología estadounidense; sus métodos apresurados de recolección y reconstrucción de fósiles provocaron la pérdida de información y errores anatómicos evitables, y su competencia por nombrar nuevas especies resultó en un ejemplo confuso para quienes estudiaron fósiles durante los siguientes años. Cope también era un racista y sexista espantoso, y estaba siempre dispuesto a expresar estas opiniones por escrito. Él murió en 1897 y Marsh, en 1899.

Algunos autores han descrito la Guerra de los huesos como parte de un gran periodo heroico en la historia de la investigación de los dinosaurios. Cope y Marsh probablemente se veían a sí mismos como héroes, pero no creo que el resto de nosotros debería hacerlo.

Véase también: Brontosaurus; formación Morrison

H

Hadrosáuridos

Uno de los clados de dinosaurios no aviares más abundantes, conocidos y mejor comprendidos. Los hadrosáuridos —a menudo denominados dinosaurios de pico de pato (sigue leyendo)— pertenecen a un clado principalmente del Cretácico tardío de ornitópodos iguanodontianos. A su vez, este es parte de un grupo más grande, llamado Hadrosauroidea, que evolucionó a partir de cuadrúpedos grandes similares a *Iguanodon*.

La mayoría de los hadrosáuridos eran herbívoros grandes o muy grandes, con especies que iban desde los cuatro hasta un increíble tamaño de 17 metros, como es el caso del gigantesco *Shantungosaurus* del este de China. Los hadrosáuridos estaban equipados con extremidades traseras robustas con patas de tres dedos, una cola musculosa, rígida y poco profunda en su última mitad, y manos especializadas carentes de pulgares. Los tres dedos del centro estaban unidos en un pseudocasco, y el quinto dedo era similar a una vara que podían mover de forma independiente. El cráneo hadrosáurido combina una región sin dientes pero con pico que poseía enormes baterías dentales. Sus dientes, cementados juntos para mayor resistencia, se reemplazaban constantemente. Algunas especies tenían alrededor de mil dientes, y estudios histológicos muestran que son de los dientes más complejos de la historia de la evolución.

Los hadrosáuridos son diversos en cuanto a su anatomía craneal. Hay taxones con caras alargadas y sin crestas, y con regiones nasales profundas y arqueadas; existe un clado con crestas óseas sólidas en forma de púas y otro con crestas óseas huecas de arquitectura compleja. Un fósil parece mostrar que incluso los taxones que carecen de crestas óseas podrían haber tenido crestas blandas y carnosas. Las afirmaciones despectivas de que todos los hadrosáuridos son iguales salvo por la forma del cráneo son completamente erróneas: hay una considerable variación en sus proporciones, formas de los huesos de las extremidades y mucho más.

En las últimas décadas se ha llegado al acuerdo de considerar a los hadrosáuridos como un clado (Hadrosauridae) que contiene dos clados internos: los Hadrosaurinae de cabeza plana y crestas sólidas, y los Lambeosaurinae de crestas huecas. También se han reconocido subdivisiones adicionales dentro de ambos clados. Dentro de Hadrosaurinae se reconocen los clados Brachylophosaurini, Edmontosaurini, Kritosaurini y Saurolophini. Mientras tanto, Lambeosaurinae contiene Aralosaurini, Tsintaosaurini, Parasaurolophini y Lambeosaurini.

Sin embargo, en 2010 surgió una complicación cuando el experto en hadrosáuridos Alberto Prieto-Márquez descubrió que el hadrosaurio de Nueva Jersey —miembro homónimo del grupo (y uno de los primeros dinosaurios no aviares de América del Norte en ser nombrado)— no pertenece al clado que contiene a la mayoría de los hadrosáuridos. Esto significa que el nombre Hadrosaurinae no puede aplicarse al grupo que convencionalmente lo recibe. El nombre Saurolophinae, publicado originalmente en 1918, es una alternativa disponible, y Prieto-Márquez y sus colegas respaldan su uso. Otra complicación que vale la pena mencionar es la propuesta de Jack Horner de principios de la década de los noventa, que señala que los saurolofinos y los lambeosaurinos tienen ascendencia distinta y que los primeros descienden de ancestros similares al iguanodonte, mientras que los últimos evolucionaron a partir de animales similares a *Ouranosaurus* (ouranosaurio es un iguanodontiano con cresta de vela, del Cretácico inferior de Níger). Esto no ha sido respaldado por estudios recientes.

El hocico aplanado y ancho de los saurolofinos como *Edmontosaurus* explica por qué han sido descritos a menudo como «de pico de pato» (o también «de pico de cuchara»). Es cierto que los hadrosáuridos, como el edmontosaurio, tienen un cráneo que parece espátula cuando es visto desde arriba o desde abajo, pero especímenes excepcionales con tejido de pico queratinoso conservado muestran que esta anatomía de espátula estaba oculta en vida y que la característica dominante, en vez de esta, era un enorme pico curvado hacia abajo. Esta configuración fue descrita de forma correcta tanto por Jan Versluys, en 1923, como por William Morris, en 1970, pero fue ignorada de manera general hasta hace poco.

Este enorme pico se usaba para cortar follaje de todo tipo. Al pensar en su anatomía combinada con las baterías dentales, parece que los hadrosáuridos eran increíbles e imparables destructores de plantas, capaces de despedazar y consumir hojas, frondas, tallos, ramas y hasta madera. Una dieta que incluye todos estos elementos —y, en ocasiones, materia animal como partes de crustáceos— la confirman las heces fósiles de hadrosáuridos. La idea anticuada de que eran anfibios y se limitaban a una dieta de plantas acuáticas blandas tiene mucho en su contra. No obstante, es posible que tuvieran la habilidad de caminar sobre el agua o fueran buenos nadadores, y podría ser que algunos taxones consumieran anfibios o plantas acuáticas de manera regular. Sin embargo, la anatomía del hadrosaurio muestra que eran principalmente animales terrestres de lugares boscosos e incluso de matorrales y semidesiertos. En cuanto a otros aspectos de la biología, sabemos mucho sobre el comportamiento de anidación de los hadrosáuridos gracias a los huevos, nidos y áreas donde construían sus nidos, descubiertos en Estados Unidos.

Los hadrosáuridos se asocian principalmente con América del Norte y Asia, pero también se conocen taxones de América del Sur, Europa, la Antártida y el norte de África. Esta distribución es congruente con un origen en Asia oriental durante el Cretácico medio, seguido por su dispersión hacia otras zonas, parte de la cual probablemente involucró cruzar a través del agua (o nadar, como se conoce más generalmente).

Véase también: colonias de anidación de hadrosáuridos; *Iguanodon*; ornitópodos

Hell Creek

Entre los lugares asociados con capas sedimentarias que contienen dinosaurios, pocos son tan famosos como Hell Creek, Montana. ¿Por qué? Mantente leyendo, abordaremos el tema en un minuto. Hell Creek se caracteriza por su topografía de tierras baldías: un paisaje donde se han formado barrancos secos y pendientes empinadas debido a la erosión del viento y del agua. Los sedimentos, compuestos por limolitas, lutitas y areniscas, datan del Cretácico tardío y del Paleoceno, pero son las capas del Cretácico las que nos interesan directamente. Proceden del Maastrichtiano (la última etapa geológica del Cretácico tardío) y pertenecen a un conjunto de sedimentos que se extiende sobre parte de Dakota del Norte, Dakota del Sur, Wyoming y Montana.

En 1907, el famoso paleontólogo Barnum Brown fue el primero en reconocer que estos sedimentos merecían un nombre: los llamó las «capas de Hell Creek». Sin embargo, en los años siguientes, la opinión mayoritaria de los expertos defendía que los sedimentos de Hell Creek eran parte de la Formación Lance. El término *formación Hell Creek* comenzó a utilizarse durante la década de los cincuenta, pero no se estableció formalmente hasta 2014. Los términos *Hell Creek* y *formación Hell Creek* no son técnicamente sinónimos, pero en las discusiones sobre la vida en el Cretácico tardío es común referirse a todos los animales de la formación como pertenecientes a la fauna de Hell Creek.

La principal razón de la fama de Hell Creek proviene del descubrimiento, en ese lugar, del holotipo del *Tyrannosaurus rex* (el espécimen clave que se asocia con el nombre) en 1902, aunque hay que admitir que la memorable denominación del sitio seguramente también es un factor. Hell Creek (Arroyo del Infierno) es un nombre apropiado para el lugar que se asocia con un animal que se considera, a menudo, el superdepredador más impresionante del planeta. Sin embargo, además del tiranosaurio rex, la fauna de Hell Creek incluye tricerátops, anquilosaurios, pachycephalosaurios y el hadrosáurido edmontosaurio, todos los cuales pueden considerarse miembros finales y «definitivos» de sus respectivos clados.

Pero no solo hay dinosaurios. Los fósiles de plantas proporcionan una buena idea de cómo era el lugar durante el Maastrichtiano, y también se conocen numerosos peces, anfibios, mamíferos, lagartos, tortugas e invertebrados de los sedimentos de Hell Creek. Esta fue una región densamente boscosa, subtropical y de llanura templada durante el Maastrichtiano, con una temporada calurosa de lluvias y otra temporada seca y fresca. Animales como el tiranosaurio rex acechaban los bosques y praderas de helechos, pero también había pantanos y ríos en la región; además, en ocasiones, el área era completamente pantanosa. La proximidad de la zona de retroceso de la línea de costa del Mar Interior Occidental significaba que las condiciones estuarinas estaban presentes al sur y al este, y los animales marinos a veces ingresaban a los ríos locales.

La importancia de la formación Hell Creek para el estudio de la geología y la paleontología del Mesozoico se refleja en el hecho de que el Área de Fósiles de Hell Creek fue designada en 1966 como un Monumento

Natural Nacional por el Servicio de Parques Nacionales de Estados Unidos. El trabajo de campo en Hell Creek continúa hoy en día, y la investigación sobre sus fósiles, sedimentología y estratigrafía aparece regularmente en la prensa científica. Además, sus animales, plantas y entornos están representados de manera inusualmente completa en el paleoarte, y los artistas se han esforzado de forma considerable para retratarla con precisión.

Véase también: Tyrannosaurus rex

Herrerasáuridos

Uno de los grupos de dinosaurios más arcaicos. Es un clado depredador similar a los terópodos del Triásico tardío de América del Sur y probablemente de América del Norte, Europa e India. Los herrerasáuridos (correctamente llamados Herrerasauridae) se dieron a conocer en 1973 cuando se describió al *Herrerasaurus* en Argentina. En un inicio se sospechó que era un prosaurópodo. Los excelentes restos descritos en la década de los noventa muestran que el herrerasaurio tenía un hocico rectangular, dientes largos y recurvados, y extremidades anteriores similares a las de los terópodos. Poseen grandes garras en los tres dedos internos, y la movilidad de la muñeca y el codo es similar a la de los tetanuros. El herrerasaurio es el miembro más grande del clado y en ocasiones alcanza los seis metros. Otros herrerasaurios —incluidos el *Sanjuansaurus*, de Argentina, y el *Staurikosaurus* y *Gnathovorax*, de Brasil— tenían una longitud de dos a tres metros.

La pelvis del herrerasáurido es extraña (el hueso púbico se proyecta de manera recta hacia abajo, en lugar de hacia abajo y hacia adelante como «debería»), la pata es ancha en relación con el del terópodo, y parece haber solo dos vértebras sacras en lugar de tres (el cual es, supuestamente, el número mínimo para los dinosaurios). Por estas y otras razones, una idea popular defiende que los herrerasáuridos son saurisquios arcaicos fuera del clado terópodo y saurópodo. Otra propuesta es que son dinosaurios arcaicos fuera del clado Saurischia y Ornithischia. Una más es que deberían ser excluidos de Dinosauria por completo y considerados cuasidinosaurios.

Una nueva y sorprendente perspectiva sobre los herrerasaurios fue publicada en 1993, cuando Paul Sereno y colegas describieron a *Eoraptor*, un dinosaurio arcaico del Triásico tardío de Argentina. El equipo argumentó que los herrerasaurios eran terópodos arcaicos y que la anatomía de la mandíbula, la mano, la escápula y la cola era más similar a la de los terópodos de lo que se había reconocido en estudios anteriores. Sereno ha continuado probando este punto en trabajos recientes y ha llamado la atención sobre características terópodas adicionales en el paladar y la cara del herrerasaurio. Sereno también ha argumentado que los herrerasaurios poseen tres vértebras sacras, no dos. Finalmente, ¿dónde ubica el modelo Ornithoscelida a los herrerasaurios? Los estudios pertinentes han encontrado que los herrerasaurios forman un clado con los sauropodomorfos, una perspectiva que evoca aquella originalmente favorecida en la década de los setenta.

Hasta donde sabemos, los herrerasaurios estuvieron restringidos al Triásico tardío, y parece que se extinguieron antes de que terminara el Triásico-Jurásico. Además del hecho de que eran terrestres y depredadores (y posiblemente se alimentaban de otros dinosaurios, así como de otros animales contemporáneos), no se conoce más sobre su biología ni su comportamiento.

Véase también: Ornithoscelida; Sereno, Paul; terópodos

Heterodontosáuridos

Grupo de ornitisquios bípedos, pequeños y ligeros, notable por sus colmillos parecidos a los de los caninos. *Heterodontosaurus*, el miembro homónimo del grupo, del Jurásico temprano de Sudáfrica y Lesoto, recibió su nombre por su heterodoncia; es decir, por poseer diferentes tipos de dientes. El heterodontosaurio tenía dientes similares a incisivos, además de caninos y molares. También hay regiones sin dientes y con pico en la parte frontal tanto superior como inferior de las mandíbulas. Los brazos son largos; los tres dedos internos de las manos de cinco dedos también son alargados y tienen grandes garras curvas. Las extremidades posteriores son largas y algunos de los huesos están fusionados, por lo que se puede deducir que eran corredores rápidos. El heterodontosaurio fue un heterodontosáurido grande que posiblemente superaba el metro y medio de altura. La mayoría medía alrededor o menos de un metro; *Echinodon*, del Cretácico temprano de Inglaterra —uno de varios taxones que muestra que el grupo persistió hasta el Cretácico— medía 60 o 70 centímetros, y *Fruitadens*, de la formación Morrison, también era pequeño. Estos son los ornitisquios de menor tamaño conocidos.

Heterodontosaurio habitaba en el desierto, al igual que algunos otros heterodontosáuridos. Sin embargo, también podía vivir en regiones de bosques subtropicales y templados, así como en hábitats similares a sabanas. Sus fósiles se encuentran en América del Sur y del Norte, África, Europa y Asia, pero el hecho de que se originaran cuando los continentes estaban unidos podría significar que eran cosmopolitas.

La presencia de heterodontosáuridos con y sin colmillos en sedimentos de edad similar ha llevado a algunos expertos a argumentar que son dimorfos sexuales de la misma especie, y que los machos usaban sus colmillos en peleas y rituales de apareamiento. En la actualidad se cree que los especímenes con y sin colmillos pertenecen a diferentes taxones, pues difieren en numerosos aspectos, no solo en la presencia de colmillos. Además, un heterodontosaurio juvenil tiene colmillos prominentes, lo que contradice el argumento del dismorfismo sociosexual. En 1978, el paleontólogo Tony Thulborn propuso que los heterodontosáuridos no reemplazaban continuamente sus dientes, sino que lo hacían en un único evento. Asimismo, argumentó que la estivación (un periodo de letargo que ocurre durante la temporada seca) proporcionaba la respuesta. Sin embargo, estudios recientes han revelado evidencia abundante de reemplazo dental dentro del grupo y no hay razón para pensar que estivaba. Dado que los heterodontosáuridos son ornitisquios, se ha asumido que eran herbívoros, y el desgaste de sus dientes es compatible con esto. Sin embargo, existe la posibilidad de que fueran omnívoros o incluso depredadores.

¿Y dónde se ubican los heterodontosáuridos en el árbol genealógico de los ornitisquios? La postura favorecida de las décadas de los setenta, ochenta y noventa sostenía que eran ornitópodos arcaicos. Esta fue una opinión popular en una época en la que *ornitópodo* era sinónimo de *ornitisquio bípedo*. Sin embargo, los heterodontosáuridos carecen de rasgos fundamentales de Ornithopoda, por lo que esta visión ya no está respaldada. Varios estudios han encontrado que los heterodontosáuridos son uno de los clados más antiguos dentro de Ornithischia en su conjunto, potencialmente cercanos al ancestro común del grupo. Si esto es así, sus largos brazos y manos, así como sus extensas piernas y cola larga podrían reflejar una cercanía evolutiva a los primeros terópodos y saurópodomorfos. De hecho, una similitud entre los heterodontosáuridos y los terópodos ayudó a inspirar la hipótesis de Ornithoscelida.

Los heterodontosáuridos también son similares a los marginocéfalos en la forma de sus dientes, cráneo y caderas. Como resultado, una idea frecuentemente divulgada desde los años ochenta es que podrían estar cerca o formar parte de Marginocephalia. En 1994, el escritor-investigador George Olshevsky adoptó el nombre Heterodontosauria (propuesto en 1985 por Michael Cooper para heterodontosáuridos y *Pisanosaurus* de Argentina) para un clado de heterodontosáuridos y marginocéfalos, mientras que un estudio de 2006, realizado por Xu Xing y colegas, propuso llamarlos heterodontosauriformes. Un estudio de 2020, realizado por Paul-Emile Dieudonné y colegas, respaldó una afinidad entre los heterodontosáuridos y los paquicefalosaurios, encontrando específicamente que los paquicefalosaurios son parte de los heterodontosáuridos. También halló que los heterodontosáuridos *Tianyulong* y *Echinodon* están más cerca de los paquicefalosaurios que otros heterodontosáuridos. Esto significaría que los heterodontosáuridos son un grupo artificial, no un clado. Al momento de escribir esta entrada (finales de 2020), la propuesta del equipo de Dieudonné está a la espera de validación.

Un último aspecto que vale la pena discutir es el papel que han desempeñado los heterodontosáuridos en las discusiones sobre la apariencia de los dinosaurios. Esto se debe a *Tianyulong*, un heterodontosáurido chino del Jurásico tardío que conserva fibras y filamentos similares al cabello. Estos cubrían, al menos, parte del cuello, el cuerpo y la cola, y formaban una melena alta que corría a lo largo de la línea media dorsal. ¿Todos los heterodontosáuridos y los ornitisquios pequeños estaban cubiertos de tales estructuras? ¿Estas estructuras tenían el mismo origen evolutivo que los filamentos de los terópodos y los pterosaurios? El debate sobre este tema continúa y hay opiniones contradictorias.

Véase también: marginocéfalos; Ornithoscelida; paquicefalosaurios

Horner, Jack

Paleontólogo estadounidense famoso por su trabajo sobre la biología de anidación de hadrosáuridos, sus estudios del crecimiento y el cambio de forma de los dinosaurios, y su papel como consultor en la película *Parque Jurásico*. Comenzó su carrera paleontológica estudiando animales de épocas anteriores a la era de los dinosaurios, pero es mejor conocido por descubrir, en 1978, huevos, colonias de anidación, y ejemplares juveniles y adultos de hadrosaurio en Montana. Horner y su colega Bob Makela nombraron a este dinosaurio *Maiasaura*, que significa «lagarta buena madre» y hace referencia a la evidencia de cuidado parental en este animal. Sus hallazgos cambiaron el pensamiento sobre el comportamiento de los dinosaurios de manera radical.

Horner y Makela no solo encontraron nidos de maiasaurios, sino también los de un dinosaurio más pequeño. Inicialmente se pensaban pertenecientes al ornitópodo *Orodromeus* (nombrado por Horner y David Weishampel en 1988), pero más tarde se demostró que eran de troodóntidos maniraptoriformes.

Para aprender más sobre el crecimiento y el metabolismo de los maiasaurios, Horner se asoció con Armand de Ricqlès en París y aprendió a obtener secciones delgadas de huesos. Esto sentó las bases para el trabajo que publicó posteriormente sobre las estrategias de crecimiento de los dinosaurios, y también para un estudio de 2005 —dirigido por Mary Schweitzer— sobre el hueso medular en *Tyrannosaurus*, un tejido que anteriormente se pensaba único en aves, que funciona como una reserva de calcio utilizada en la fabricación de cáscaras de huevo. Algunos de los trabajos de Horner sobre el crecimiento en dinosaurios (publicados con Jack Scannella, Mark Goodwin y otros) proponen que tanto ceratopsios como paquicefalosaurios experimentaron una ontogenia extrema: es decir, una cantidad sorprendente de cambios anatómicos a medida que maduraban. De hecho, Horner y sus colegas han argumentado que algunos animales que previamente se consideraban taxones distintos son, en realidad, fases de crecimiento de otros. Esto es debatible y otros expertos cuestionan lo que Horner y sus colegas proponen.

Este investigador también generó controversia durante la década de los noventa cuando argumentó que el tiranosaurio no podría haber sido un depredador activo, sino más bien un carroñero meticuloso. Esta propuesta —que carecía de fundamento por razones ecológicas— fue refutada por Thomas Holtz, de manera exhaustiva, en un artículo de 2008.

Desde aproximadamente 2009, Horner ha defendido otra idea que ha recibido una gran cobertura y atención de los medios: a saber, que un conocimiento mejorado de la genética podría permitir que los pollos se transformen en animales semejantes a los maniraptoriformes del Mesozoico. Esto ha sido llamado *proyecto pollosaurio* y parece estar inspirado directamente por la franquicia de *Mundo jurásico*. Con respecto al tema, se han publicado algunos estudios relevantes. Estos discuten cómo los huesos del hocico, tobillo y cola de las aves modernas pueden ser modificados durante el desarrollo temprano del embrión para parecerse a configuraciones anatómicas más arcaicas. Hasta aquí la idea es aceptable, pero todavía estamos lejos de ver un pollosaurio-velocirráptor vivo y coleando.

Gracias a su papel como consultor en las películas *Parque Jurásico* y *Mundo Jurásico*, Horner ha sido una figura pública constante en el mundo de los dinosaurios desde 1993. Sus ideas y descubrimientos han sido ampliamente reportados por los medios. Ha publicado varios libros populares; los más conocidos son *Digging Dinosaurs* (Desenterrando dinosaurios) de 1988, coescrito con James Gorman, y *The Complete T. Rex* (La guía completa del *T. Rex*) de 1993, coescrito con Don Lessem.

Véase también: colonias de anidación de hadrosáuridos; *Parque Jurásico*

Iguanodon

Uno de los tres miembros fundadores del superorden Dinosauria y solo el segundo dinosaurio no aviar en ser descrito científicamente. Es un ornitópodo europeo famoso por su pulgar en forma de pico. La historia de su descubrimiento se registra en la mayoría de los libros sobre dinosaurios y parece un cliché repetirla, pero aquí voy. A principios de la segunda década del siglo XIX, el paleontólogo y cirujano inglés Gideon Mantell obtuvo dientes y huesos fósiles de una roca conocida como Tilgate Grit (la arenilla de Tilgate). Los fósiles parecían ser de un nuevo tipo de animal muy grande, pero Mantell y sus colegas no pudieron identificarlos. Se pensaba que Tilgate Grit era geológicamente joven y no pertenecía a la era dominada por reptiles gigantes.

Solo al comparar sus hallazgos con los dientes de una iguana en 1824, Mantell se percató de lo que tenía en sus manos: un inmenso reptil herbívoro con forma de iguana gigantesca. Lo nombró *Iguanodon* en 1825, aunque cuando publicó el nombre no se percató de su similitud con la palabra *iguana*; Samuel Stutchbury fue quien notó el parecido. Mantell percibía al iguanodonte como una «iguana gigante», pero su visión inicial se fue modificando conforme se descubrió más evidencia, especialmente el esqueleto parcial conocido hoy como el *lagarto de Mantell* (Mantell-Piece en inglés), que obtuvo en 1834. Este espécimen llevó a Mantell a pensar que el iguanodonte podría haber tenido un cuerno nasal. Su idea de esta especie evolucionó a lo largo de los años; en 1851, el año anterior a su muerte, argumentó que era un animal bípedo y que quizás tenía brazos cortos.

Sin embargo, en 1852, la interpretación de Mantell sobre el iguanodonte fue sobreescrita por Richard Owen, quien dijo que tenía una cola corta y que se parecía a un rinoceronte. Conocemos su visión exacta gracias a los modelos del Crystal Palace. En 1884 se reveló la supuesta apariencia real del iguanodonte gracias al descubrimiento de esqueletos completos en Bernissart, Bélgica, estudiados por Louis Dollo y exhibidos en Bruselas. Los esqueletos mostraron que ni Mantell ni Owen tenían razón. El iguanodonte no era semejante a las iguanas ni a los rinocerontes; en cambio, tenía pico y patas de pájaro. No poseía un cuerno nasal, sino un pulgar modificado que aparentemente servía como arma.

Desde la época de Dollo, nuestra visión del iguanodonte ha ido cambiando. Dollo pensaba que se habría erguido como canguro, y tuvo que romper y dislocar la cola para colocar los esqueletos en una pose similar a la de este marsupial. Durante los ochenta, el paleontólogo británico David Norman, quien trabajaba dentro de un paradigma posrenacentista en el que se creía que los dinosaurios caminaban con el cuerpo y la cola horizontales, argumentó que las manos del iguanodonte estaban bien adaptadas para soportar peso y que probablemente era cuadrúpedo la mayor parte del tiempo. Esta visión está respaldada por huellas y estudios de otros iguanodontianos, y la «visión de Norman» es ampliamente aceptada en la actualidad.

De hecho, los estudios de Norman han facilitado que el iguanodonte sea uno de los dinosaurios no aviares mejor comprendidos. Su trabajo se centró sobre todo en la especie gigante y robusta de Bélgica *I. bernissartensis*, que definitivamente no es el mismo animal que Mantell descubrió en Inglaterra. Es casi seguro que el iguanodonte de Mantell no pertenece al mismo género. Por esa razón, en 1998, se decidió que *I. bernissartensis* debía ser la especie tipo (o portadora del nombre) para el iguanodonte, lo que significa que el nombre está vinculado para siempre a *I. bernissartensis*. Tal vez esto sea, y haya sido, una buena idea. No obstante, es una verdadera molestia en cualquier discusión sobre la historia de la especie, ya que gran parte de esta ya no trata sobre el iguanodonte en absoluto.

Entonces, ¿cuál es el problema con el material inglés que estudió Mantell en un principio? En una serie de artículos publicados en 2010, Norman argumentó a favor de distinguir dos taxones de iguanodontes ingleses: el robusto *Barilium* y el más ligero *Hypselospinus*, nombrado por sus altas espinas vertebrales. Al menos parte del material de Mantell debe haber pertenecido a alguno de estos animales. Numerosos fósiles de ornitópodos descubiertos fuera de Inglaterra fueron naturalmente asumidos como especies adicionales de iguanodonte cuando se nombraron por primera vez en el siglo XIX y principios del XX, pero hoy se sabe que tienen características afines que yacen en otro lugar.

Una parte fundamental de la versión de la historia del iguanodonte contada por Gideon Mantell es que... bueno, fue contada por Gideon Mantell. La esposa de Gideon, Mary, a menudo se menciona en la anécdota, ya que ella fue quien supuestamente encontró los dientes iniciales mientras acompañaba a Gideon a una de sus consultas médicas. Algunos investigadores —en particular el historiador y autor Dennis Dean— han argumentado que esta parte de la historia es apócrifa y probablemente ficticia. Sin embargo, hay razones para pensar todo lo contrario. Mary era una mujer culta y talentosa que ilustró algunos de los trabajos de Gideon. Ellos se separaron en 1839 y Gideon eventualmente declaró su odio hacia ella; incluso instruyó a su hijo Walter para que eliminara cualquier mención de Mary de sus diarios después de su muerte. Un artículo de 1887, que fue prácticamente ignorado hasta 2020, afirma que ella encontró los dientes mientras visitaba a una amiga y los compró, todo sin la participación de Gideon. Si es verdad, esto confirma su papel en la historia y significa que fue más importante en el descubrimiento del iguanodonte de lo que se le atribuyó.

Véase también: Crystal Palace; ornitópodos; Owen, Richard

M

Macronarios

Clado de los saurópodos (propiamente Macronaria), que incluye a los braquiosáuridos, los titanosaurios y sus parientes cercanos. Hasta principios de los noventa, la idea más aceptada era que los saurópodos avanzados, los neosaurópodos, se dividían en dos grupos principales. Uno incluía a los diplodócidos y los titanosaurios, con dientes delgados y hocicos cortos, y el otro abarcaba a los camarasáuridos y los braquiosáuridos, con dientes en forma de espátula y hocicos largos. Esta interpretación, que surgió en los años veinte gracias al trabajo de Werner Janensch, comenzó a desmoronarse alrededor de 1995, cuando Jorge Calvo y Leonardo Salgado, en Argentina, señalaron que los titanosaurios compartían más características con los camarasáuridos y los braquiosáuridos que con los diplodócidos. Para 1998, cuando Jeff Wilson y Paul Sereno publicaron su estudio emblemático sobre la filogenia de los saurópodos, era evidente que los trabajos anteriores habían pasado por alto la existencia de un clado importante de estos animales, cuyos rasgos distintivos son sus gigantescas aberturas nasales.

Wilson y Sereno nombraron a este grupo *Macronaria*, que significa «narices grandes», y numerosos estudios posteriores han confirmado su existencia. El

Camarasaurus del Jurásico tardío es uno de los más arcaicos y está fuera del clado que incluye tanto a los braquiosáuridos como a los titanosaurios —titanosauriformes. Los euhelopódidos, en especial los de cuello largo del este de Asia, son titanosauriformes, al igual que los taxones anteriormente considerados braquiosáuridos; sin embargo, hoy se cree que están más relacionados con los titanosaurios, como *Sauroposeidon* del Cretácico inferior de Oklahoma.

**CRÁNEO DEL
MACRONARIO
*CAMARASAURUS***

Los macronarios suelen tener extremidades anteriores más delgadas, manos más largas, cuerpos más profundos y colas más cortas que otros saurópodos. Los clados más antiguos dentro del grupo, que incluyen a los braquiosáuridos y los euhelopódidos, parecen haberse especializado en buscar y alcanzar la vegetación más alta, más que otros saurópodos. No obstante, también evolucionaron formas enanas, y los titanosaurios desarrollaron características ausentes en todos los demás saurópodos, como placas óseas cubiertas de piel y miembros robustos y excepcionalmente musculosos. Una gran incógnita por resolver es por qué los macronarios desarrollaron las narices gigantes por las que son conocidos. Esta no es un área especialmente bien investigada, pero es probable que sus orificios nasales contuvieran un alto número de vasos sanguíneos que se utilizaban para la termorregulación, característica que les podría haber dado una ventaja en los ambientes tropicales de las bajas latitudes. La producción de sonido y la recaptura de humedad también son otros posibles usos de dicha nariz.

Véase también: braquiosáuridos; titanosaurios

Maniraptoriformes

Clado de terópodos más exitoso —si se considera que el éxito equivale al número de especies y la diversidad ecológica—, y el único que persiste hasta hoy. Los maniraptoriformes (propiamente Maniraptora) fueron nombrados por el filogenetista Jacques Gauthier en su estudio clásico sobre la evolución de los dinosaurios, de 1986.

Hasta mediados de los ochenta se pensaba que los clados de manirraptoriformes habían surgido independientemente de un grupo central de celurosaurios que también dio origen a ornitomimosaurios y diversos grupos de terópodos. Gauthier advirtió que los ovirraptorosaurios, los dromeosáuridos y los troodóntidos tenían miembros anteriores alargados y colas reducidas, al igual que las aves, y que esto evidenciaba la existencia de un clado que se había pasado por alto previamente. Un hueso de la muñeca en forma de media luna —el carpo semilunar— también era común en estos grupos. Este les permitía mover las manos de forma parecida al ala de un pájaro cuando se pliega o se despliega. Sin embargo, aquí estaba presente en animales depredadores equipados con enormes garras. Parece probable, entonces, que el origen del vuelo aviar fuera una acción depredadora de agarre. El nombre que Gauthier eligió para este clado, Maniraptora, significa «ladrones de manos» y se refiere a este hecho. Nuevos fósiles y mucho trabajo en filogenia han establecido que los alvarezsáuridos y los terizinosaurios también son manirraptoriformes.

**UN TROODÓNTIDO
Y UN OVIRRAPTOROSAURIO**

Los manirraptoriformes eran y son variables en cuanto a su ecología y estilo de vida. Los primeros miembros de la mayoría de los linajes tenían un tamaño similar al de los cuervos o los pollos y probablemente comenzaron su historia como generalistas sin especializaciones para un estilo de vida en particular. Sin embargo, pronto las desarrollaron. Los alvarezsáuridos se volvieron realmente extraños, los terizinosaurios y los ovirraptorosaurios eran omnívoros o herbívoros peculiares, y los troodóntidos eran depredadores de patas largas que también podrían haber sido omnívoros. Las aves consiguieron tener numerosos estilos de vida. Cuando mapeamos esta variación en un cladograma, encontramos que la herbivoría es la condición ancestral para los manirraptoriformes, lo que significa que los dromeosáuridos (el clado que incluye al velocirráptor) evolucionaron su carnivoría a partir de ancestros herbívoros.

También hay una impresionante variación de tamaño dentro de Maniraptora. Las dimensiones de las especies típicas eran similares a las de los pavos, muchas otras eran del tamaño de los humanos, y también hubo ejemplares gigantes que evolucionaron entre los terizinosaurios y los ovirraptorosaurios, los cuales superaban las dos toneladas. También evolucionaron dromeosáuridos gigantes y aves que excedían los 200 kilos. Por supuesto, las aves incluyen a los dinosaurios más pequeños.

Los espectaculares fósiles de China, en particular de la provincia de Liaoning, han confirmado las predicciones de que los maniraptoriformes no aviares tenían plumas al igual que las aves.

Véase también: alvarezsáuridos; celurosaurios; escansoriopterígidos; ornitomimosaurios; ovirraptorosaurios; terizinosaurios

Marginocéfalos

Llamados ornitisquios de cabeza con bordes (propiamente Marginocefalia), son un clado que comparte la presencia de una placa ósea o margen que sobresale del borde posterior del cráneo.

Consiste en dos clados principales: los paquicefalosaurios o «cabezas duras», y los ceratopsios o dinosaurios con cuernos. Es evidente que el cráneo funcionaba como arma y elemento de exhibición en ambos, aunque cada clado siguió direcciones distintas en cuanto al uso del mismo. Los marginocéfalos suelen tener un pico estrecho. Las especies tempranas poseían dientes parecidos a colmillos en la parte frontal de las mandíbulas superiores e inferiores. Estos podrían haber sido utilizados durante enfrentamientos, en su búsqueda de comida y tal vez en rituales de apareamiento.

Los paquicefalosaurios «clásicos» y los ceratopsios lucen bastante distintos entre sí. Los primeros tienen cráneos en forma de domo, son bípedos y poseen extremidades anteriores cortas, mientras que los segundos son cuadrúpedos, se parecen a los rinocerontes, y tienen cuernos y gola ósea. Por sus diferencias no se sospechó que fueran parientes cercanos hasta el descubrimiento de dinosaurios menos especializados que formaban parte de la misma historia; en particular, del ceratopsio bípedo *Psittacosaurus* del Cretácico inferior de Asia oriental. Varios estudios publicados durante los años noventa «descubrieron» al grupo Marginocefalia aproximadamente al mismo tiempo, pero solo Paul Sereno optó por darle un nombre. Los estudios señalan que los marginocéfalos comparten un ancestro con los ornitópodos y los fósiles muestran que los ornitópodos ya estaban presentes en el Jurásico medio, por lo que deberían existir marginocéfalos del Jurásico medio no descubiertos. Hasta ahora no se han hallado dichos fósiles y los ceratopsios del Jurásico tardío son los marginocéfalos más antiguos encontrados.

Vale la pena mencionar que existe una gran controversia sobre la posición de los heterodontosáuridos, ya que comparten algunas similitudes con los marginocéfalos y podrían ser miembros tempranos del clado, pero también podrían no serlo; las opiniones difieren.

Véase también: ceratopsios; heterodontosáuridos; paquicefalosaurios

Megalosauroideos

Clado principalmente tetanuro del Jurásico, asociado con Europa y América del Norte en general, cuyo nombre se basó en el *Megalosaurus* del Jurásico medio de Inglaterra. *Megalosaurus* fue el primer dinosaurio no aviar en ser nombrado y descrito científicamente, y sus restos, que comprenden parte de una mandíbula inferior, parte de la cintura pélvica, y algunas vértebras y huesos de las extremidades, fueron interpretados como los de un lagarto gigante en un inicio.

Estos huesos se descubrieron en la pizarra de Stonesfield —que hoy en día se considera parte de la formación de piedra caliza de Taynton, en Oxfordshire, Inglaterra—, a finales del siglo XVIII; sin embargo, fue hasta 1824 que William Buckland los describió científicamente y les otorgó un nombre técnico. Existen razones para creer que lo hizo porque había escuchado que pronto se publicaría el descubrimiento de un segundo fósil de reptil gigante, el iguanodonte nombrado en 1825. Una consecuencia del descubrimiento temprano de *Megalosaurus* es que muchos hallazgos posteriores de terópodos —inicialmente en Europa, luego en América del Norte, África, Asia y Australasia— se asumieron como especies adicionales del mismo género. Esto derivó en una perspectiva inflada e inexacta de su distribución y longevidad, que persistió hasta la década de los ochenta. Las supuestas especies adicionales de *Megalosaurus* pertenecen en realidad a secciones muy lejanas entre sí del árbol genealógico de los terópodos.

Hoy en día, *Megalosaurus* es solo un taxón dentro de un grupo al que se le llama por tradición *megalosauroide*. Se trata de un grupo conservador (continúa leyendo) de depredadores que van de medianos a gigantes, cuyas longitudes van desde los cuatro hasta los diez metros aproximadamente. Sus ejemplares comparten un cráneo que a menudo tiene forma rectangular, hocico largo, dientes serrados comprimidos lateralmente y miembros anteriores cortos pero con poderosos músculos, cuyas primeras y segundas garras eran grandes y curvadas. Se ha sugerido que los megalosauroides tenían cuerpos más largos, patas más cortas y eran menos parecidos a las aves en la arquitectura de sus vértebras y cráneos que sus primos, los alosauroides.

Deliberadamente, no he utilizado el término *megalosaurio* en esta discusión porque podría pertenecer a tres grupos distintos. Podría usarse para el clado Megalosauridae, que incluye a *Megalosaurus* y sus parientes más cercanos. *Torvosaurus*, de la formación Morrison y del Jurásico tardío de Portugal y Alemania, es otro megalosáurido, al igual que *Eustreptospondylus* de la formación de arcilla de Oxford. Los afrovenatorinos (nombrados por *Afrovenator* de Níger) también son parte de Megalosauridae. Megalosaurio también podría usarse para Megalosauria, un clado que incluye Megalosauridae además del clado tetanuro estrechamente relacionado, Piatnitzkysauridae (hasta hoy, el único de América del Sur). Por último, podría usarse para el clado aún más inclusivo Megalosauroidea. La mayoría de los estudios considera que los espinosáuridos son parientes cercanos de Megalosauria y que Megalosauroidea es el nombre correcto para el clado Spinosauridae + Megalosauria. En un esfuerzo por eliminar cualquier confusión a lo largo de este libro, he utilizado en forma deliberada *megalosáurido* para referirme específicamente a los miembros de Megalosauridae y *megalosauroide* para referirme a los miembros de Megalosauroidea. No he necesitado usar *megalosaurio*.

Este es un momento especialmente incómodo para escribir sobre las relaciones de estos dinosaurios, pues están en constante cambio. La descripción de *Asfaltovenator* en 2019, del Jurásico medio de Argentina, un tetanuro que combina características de megalosauroides y alosauroides, plantea la posibilidad de que Megalosauroidea no es un clado, y que los megalosáuridos y los piatnitzkisáuridos están más cerca de los alosauroides que de los espinosáuridos. Esperamos más estudios al respecto.

MEGALOSÁURIDO *TORVOSAURUS*

Por último, vale la pena discutir los orígenes de los espinosáuridos. Si los espinosáuridos en realidad son megalosauroides, presumiblemente evolucionaron a partir de ancestros similares a los megalosáuridos. Se ha sugerido que *Eustreptospondylus* es relevante para el linaje de los espinosáuridos. Esta posee cierto atractivo, pues se encontró en rocas marinas y su cráneo se ha ilustrado como largo, bajo y semejante a lo que podríamos imaginar para un protoespinosáurido. Los lectores que vieron la serie de televisión de 1999 *Paseando con dinosaurios* podrían recordar que el eustreptospondilo fue mostrado como un explorador de playas que saltaba de isla en isla: exactamente el tipo de criatura que podría concebirse como el origen de una dinastía de pescadores con hocicos de cocodrilo. Sin embargo, la evidencia está en contra de esta idea: el eustreptospondilo está incrustado dentro de Megalosauridae y, por ello, no puede ser relevante para el linaje de los espinosáuridos. Por ahora, el origen de los espinosáuridos sigue siendo un enigma...

Véase también: alosauroides; espinosáuridos; tetanuros

Megaraptores

Clado tetanuro controvertido que comprende taxones de tamaño mediano (de cuatro a nueve metros de longitud), principalmente del Gondwana y del Cretácico, conocidos por poseer enormes garras en las manos.

La ciencia advirtió su existencia en 1998, cuando Fernando Novas describió a *Megaraptor* del Cretácico tardío de Argentina. Inicialmente, este dinosaurio solo fue conocido por una garra gigantesca y curvada de 30 centímetros, la cual se creía perteneciente a la pata de un dromeosáurido gigante. Sin embargo, hallazgos posteriores mostraron que pertenecía a la mano de un terópodo tipo alosauroide con brazos largos. Incluso hoy en día, el esqueleto de los megaraptores es poco conocido, aunque hallazgos en Japón y Argentina muestran que poseían un cráneo largo y superficial, dientes hasta cierto punto pequeños, un esqueleto neumatizado, un cuello flexible con articulaciones de rótula entre las vértebras, y patas delgadas, lo que sugiere que eran hábiles para correr.

Desde 2016 se han nombrado nuevos megaraptores, incluyendo *Aoniraptor*, *Murusraptor* y *Tratayenia*, todos ellos procedentes de Argentina. También se ha propuesto que algunos otros terópodos argentinos, ubicados originalmente en otro lugar en el árbol tetanuro, son miembros de este clado, incluyendo *Aerosteon* y *Orkoraptor*. *Australovenator* de Australia también podría ser megaraptor. ¿Es posible que estos animales habitaran también en los continentes Laurasianos? Se ha dicho que *Eotyrannus* del Wealden inglés es un megaraptor, pero es incorrecto, pues se basa en la idea de que tiene rasgos anatómicos que en realidad no posee.

EXTREMIDAD DELANTERA PARCIAL DE *MEGARAPTOR*

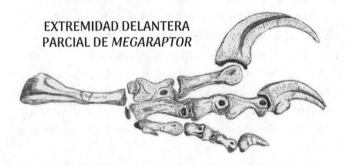

La distribución de los megaraptores sugiere que se originaron en el este de Asia durante el Jurásico, ya que *Fukuiraptor*, de Japón, parece ser un megaraptor arcaico fuera del clado que contiene la mayoría de los taxones (Megaraptoridae).

La gran controversia sobre los megaraptores se basa en su lugar en el árbol genealógico. En un estudio de 2010, Roger Benson y sus colegas encontraron que los megaraptores eran alosauroides, pertenecientes, en específico, al clado carcarodontosaurio Neovenatoridae. Esta fue una declaración emocionante, ya que significaría que los alosauroides eran un clado diverso y que se extendió hasta el final del Cretácico. Sin embargo, la hipótesis pronto fue desafiada; hallazgos posteriores en América del Sur llevaron a otros expertos a argumentar que los megaraptores son celurosaurios y que quizás son miembros de Tyrannosauroidea. Al momento de escribir estas líneas, la propuesta de los tiranosauroides busca un mayor sustento. Esta también es una visión emocionante, ya que significaría que los tiranosauroides del Cretácico incluían un conjunto inusual de taxones en su mayoría Gondwánicos, de tamaño mediano y con megagarras, además de los tiranosáuridos, que eran predominantemente del norte, y sus parientes. El motivo principal detrás de la contraposición de estas ideas es que las características anatómicas que determinan dónde encajan los megaraptores son generalizadas y no pertenecen a un clado tetanuro específico.

En esencia, nada se sabe sobre la biología ni el comportamiento de los megaraptores. No obstante, es claro que eran depredadores y probablemente usaban sus enormes garras para herir y contener a su presa.

Véase también: alosauroides; carcarodontosáuridos; tiranosauroides

Mural de Zallinger

Entre las piezas de paleoarte más famosas, influyentes e impresionantes se encuentra el mural *La era de los reptiles*, ubicado en el Museo de Historia Natural Peabody de la Universidad de Yale en New Haven, Connecticut. Este mural es, ante todo, una obra de arte fenomenal. Con una longitud de 34 metros, se encuentra entre las pinturas más grandes del mundo y es un hito cultural, ya que representa la vida prehistórica como se imaginaba en ese momento.

El mural existe gracias a que Albert Parr, el director del museo, observó que el Gran Salón lucía vacío y necesitaba color. Con esa inquietud le preguntó a Lewis York, de la Escuela de Bellas Artes de Yale, si conocía a alguien capaz de crear una obra de arte adecuada para ese espacio. York sugirió a Rudolph F. Zallinger, quien tenía solo 23 años en ese momento. Después de recibir clases sobre anatomía animal de los paleontólogos George Wieland y G. Edward Lewis, Zallinger comenzó el proyecto en 1942, con el objetivo de crear un mural con la técnica de fresco seco. Esta técnica está ampliamente asociada con las pinturas medievales de Italia e implica mezclar pigmentos con aglutinantes orgánicos derivados de la leche o los aceites vegetales. Se erigieron andamios y Zallinger comenzó a trabajar en octubre de 1943. El salón se mantuvo abierto durante todo el tiempo que estuvo trabajando, por lo que su progreso fue observado por los estudiantes que visitaban el museo y el público. Finalmente, lo terminó en junio de 1947.

El mural representa la vida animal y vegetal en el Paleozoico tardío y el Mesozoico, moviéndose cronológicamente de derecha a izquierda para mantener el flujo de visitantes a través del salón. Algunos árboles están convenientemente posicionados para definir los límites de las edades geológicas. Se inicia con el mundo pantanoso y arbolado del Devónico antes de pasar a una sección árida y rocosa poblada por *Dimetrodon* y otras bestias del Pérmico. A continuación aparecen dinosaurios del Triásico, como *Plateosaurus*. Luego, todo se torna verde, mientras los espacios con suculenta vegetación y los dinosaurios del Jurásico llenan la escena; un gran *Brontosaurus* habita en un lago y un Stegosaurus con la espalda arqueada ocupa el centro del mural.

Finalmente, una sección con un aspecto moderno y un telón de fondo volcánico muestra un tiranosaurio y un tricerátops moviéndose entre magnolias, palmas, ginkgos y sauces.

La mayor parte de las reproducciones del mural muestran la orientación invertida para que la imagen comience en la izquierda. Además, muchas de ellas presentan el prototipo en miniatura en vez del mural real. El prototipo en miniatura, precedido por dos bocetos dibujados a lápiz, fue realizado con pintura al temple: un pigmento espeso y de secado rápido templado con yema de huevo. Es diferente del mural en varios detalles, especialmente en la anatomía de los animales. En realidad, no es fácil encontrar fotografías detalladas y buenas del mural en sí; el Museo Peabody parece haber restringido su reproducción. La que se incluye en el libro de 1987 del mismo museo: *The Age of Reptiles* (La era de los reptiles), editado por Rosemary Volpe, es casi con seguridad, la única disponible.

T. REX DE ZALLINGER

Zallinger falleció en 1995. Su hijo Peter también es un artista talentoso que ha retratado animales prehistóricos en varias ocasiones. Su trabajo destaca especialmente en el libro de John Ostrom de 1986: *Dinosaurs and Other Archosaurs* (Dinosaurios y otros arcosaurios).

Museo de Dinosaurios de Zigong

China alberga muchos sitios de fósiles de dinosaurios espectaculares. Uno de los más famosos y notables es el que se conserva como parte del Museo de Dinosaurios de Zigong, en la provincia de Sichuan, en el suroeste del país. Técnicamente, el yacimiento fósil está en Dashanpu, una localidad que se encuentra a unos 7 kilómetros de la ciudad de Zigong; sin embargo, es el nombre de Zigong el que se ha asociado con los dinosaurios con más fuerza.

La riqueza de fósiles de dinosaurios de la región se reveló en 1977, durante la construcción de una cantera creada para la extracción de petróleo y gas. Uno de los primeros hallazgos fue el esqueleto completo de un saurópodo que luego fue nombrado *Shunosaurus*. Otros numerosos descubrimientos siguieron y quedó claro que Dashanpu no era solo el sitio de dinosaurios más destacado de China y Asia, sino también uno de los más importantes del mundo. Una serie de excavaciones, en las que participaron paleontólogos chinos de varias instituciones, se llevó a cabo desde 1979 y durante los años ochenta. Los dinosaurios descubiertos por estos equipos son del Jurásico medio y el Jurásico tardío, e incluyen saurópodos de cuello espectacularmente largo, como *Omeisaurus* y *Mamenchisaurus*; terópodos, como *Yangchuanosaurus*, y estegosaurios, como *Huayangosaurus*, *Gigantspinosaurus* y *Tuojiangosaurus*.

Muchos de los fósiles de Dashanpu se enviaron a museos como el del Instituto de Paleontología de Vertebrados y Paleoantropología de Pekín, pero la abundancia de hallazgos pronto justificó la construcción de un museo dedicado a los dinosaurios en Zigong. El museo, construido justo sobre la cantera, abrió en 1987. Hasta hoy es una de las atracciones temáticas de dinosaurios más espectaculares del mundo. Consta de tres secciones principales: una sala de exposiciones que alberga esqueletos montados de los dinosaurios más espectaculares del sitio, una serie de salas y galerías que exhiben fósiles más pequeños, y el piso de la cantera original, rodeado de pasarelas. El edificio mismo está diseñado simbólicamente en forma de dinosaurio. Tiene cuatro patas sugeridas a modo de soporte, un cuello largo y horizontal, y una gola de borde aserrado a lo largo de la línea media, aunque se debe admitir que el parecido es muy superficial. El museo es una meca para los paleontólogos que lo visitan, y también es un sitio muy popular entre los turistas.

La importancia mundial de la riqueza fósil de Dashanpu fue conmemorada en 2008, cuando se convirtió en parte de la Red Mundial de Geoparques de la Unesco. De hecho, la riqueza del área en fósiles del Jurásico es tal que, en teoría, hay más de 14 000 metros cuadrados de rocas portadoras de dinosaurios que aún quedan por descubrir.

N

Nanotyrannus

Nombre que recibe un tipo de tiranosáurido que se considera, en general, una etapa de crecimiento de *T. rex*—. En su origen fue publicado como un taxón enano que vivió junto al tiranosaurio rex. Incluir el nombre *Nanotyrannus* en este libro podría ser visto de forma negativa, pues mantiene la creencia de que el nanotirano es «real» y que nos encontramos ante un debate genuino.

El nanotirano lleva el nombre de un cráneo descubierto en la formación Hell Creek y descrito por Charles Gilmore en 1946. Gilmore pensó que era una nueva especie de *Gorgosaurus* y lo llamó *G. lancensis*. Con un cráneo de apenas 57 centímetros de largo, que se creía perteneciente a un adulto, este animal era un enano en comparación con otros tiranosáuridos. La importancia de esto fue casi completamente inadvertida... hasta 1988, cuando Robert Bakker y sus colegas argumentaron que el espécimen no era en absoluto un gorgosaurio, sino más bien un nuevo tipo de tiranosáurido enano. Lo llamaron *nanotirano*, que significa «pequeño tirano». Aparentemente, en algún momento se pensó nombrarlo *Clevelanotyrannus*. Bakker y sus colegas consideraban que las características del nanotirano eran similares a las del tiranosaurio rex. Sin embargo, también parecía ser muy distinto; tan distinto que debía pertenecer a una estirpe evolutiva que se dividió temprano en la historia de los tiranosáuridos. Pensamientos radicales.

En los años siguientes a la publicación de ese artículo de 1988, los expertos cuestionaron la validez del nanotirano. El consenso —que se refleja en las declaraciones registradas en *The Dinosauria* (El Dinosauria) de David Weishampel, Peter Dodson y Halszka Osmóska en 1990, obra de referencia sobre los dinosaurios— era que el nanotirano (al que llamaré nano a partir de aquí) era en realidad un tirano «diminuto», de 5.2 metros de largo. Sin embargo, en un artículo de 1992, Ken Carpenter señaló que las características utilizadas para establecer el estado adulto de nano eran poco claras y que más bien podrían corresponder a un tiranosaurio rex juvenil. Un estudio de 1999, realizado por Thomas Carr, profundizó en esta idea. En él se argumentó que el cráneo de nano era claramente el de un ejemplar juvenil, y que todas las características utilizadas para distinguirlo eran erróneas o estaban dentro de la variación conocida para el tiranosaurio rex. No era en absoluto un tiranosáurido enano evolutivamente distinto, sino un *T. rex* joven.

Se puede argumentar que la hipótesis de que nano es un ejemplar juvenil es más interesante que la que apoya que es de un estatus distinto, pues muestra que el tiranosaurio rex experimentaba un cambio profundo en anatomía, dieta y estilo de vida durante su crecimiento, y que los jóvenes ocupaban un nicho diferente al de los adultos. La mayoría de los paleontólogos han aceptado las conclusiones de Carr, y los estudios técnicos publicados en años recientes las han respaldado. Una supuesta nano, apodada *Jane*, fue descubierta en 2001 y sus características revelan que es una *T. rex* joven,

intermedia entre el espécimen original de nano y los de
tiranosaurio rex no controvertidos. Además, un estudio
de 2020 de la estructura interna de sus huesos confirmó
que los especímenes de nano, de hecho, son juveniles.

A pesar de que se han aceptado las conclusiones de
Carr (cabe destacar que su trabajo es excepcionalmente
exhaustivo y minucioso), una minoría de investigadores
continúa insistiendo en que nano es un dinosaurio diferente. Según ellos —Peter Larson, famoso por encabezar
el equipo que descubrió a Sue, es el más vehemente—
los miembros anteriores de nano son proporcionalmente
más grandes que los de *T. rex*, y la anatomía detallada
del cráneo de nano demuestra un estatus distintivo. Además, la existencia de dientes miniatura de *T. rex*, de tamaño similar al de los dientes de nano, pero con la forma
de bala típica de los adultos de tiranosaurio rex, muestra
que los ejemplares juveniles de este último eran en realidad completamente distintos. Todos estos puntos pueden ser refutados: los miembros anteriores proporcionalmente grandes de nano probablemente sean una
característica juvenil, y los detalles del cráneo están dentro del rango de variación de *T. rex*. En cuanto a esos

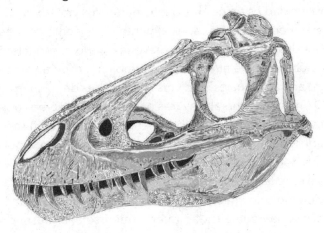

dientes juveniles de *T. rex*, ¿podemos asegurar que son de *T. rex*? ¿Y si provienen de especímenes de *T. rex* que, aunque relativamente pequeños, eran más maduros que los especímenes de nano?

No es imposible que el espécimen original de nano-tirano —y uno, algunos o todos los demás especímenes identificados como nanotiranos— sea realmente distinto de *T. rex*. Sin embargo, dado que no hay duda de que es un espécimen juvenil, tendría que crecer hasta seme-jar en tamaño a un *T. rex*; por ello, definitivamente no pertenece a un taxón enano. A pesar de mis dudas, la evidencia que muestra que estos animales son especí-menes juveniles de tiranosaurio rex es extremadamente contundente, y esta es la conclusión que deberíamos adoptar.

Véase también: Bakker, Robert; Sue; *Tyrannosaurus rex*

Neumaticidad

Condición de poseer estructuras llenas de aire, llamadas *sacos aéreos*, conectadas a los pulmones y a otras par-tes del sistema respiratorio a través de tubos. La neu-maticidad es típica en algunas partes del cráneo de los mamíferos, pero es especialmente prominente en aves donde ciertos huesos y la mayoría o todo el esqueleto están llenos de aire. Las aves también presentan sacos de aire adicionales en diversas cavidades de su cuerpo. De manera general, hay tres pares de sacos aéreos ubi-cados en el tórax y el abdomen, mientras que un saco adicional está en la parte delantera del pecho. Dado que todo en el sistema neumático está conectado, el aire circula a través del sistema entero en cada respira-ción: no solo entra y sale de los pulmones. Para ser más claros, la neumaticidad puede referirse a la presencia de estructuras llenas de aire en el esqueleto, en la cavidad del cuerpo o en ambos.

Las pistas óseas demuestran la presencia de neumaticidad en los dinosaurios extintos. En el exterior de sus vértebras neumáticas existen grandes cavidades huecas llamadas *fosas neumáticas* y aberturas más pequeñas llamadas *forámenes neumáticos*; en el interior de estos huesos hay cámaras grandes (*camerae*) y pequeñas (*camellae*). Gracias a estas características sabemos que los sauropodomorfos y los terópodos no aviares eran neumáticos, lo cual apoya la propuesta de que deberían clasificarse dentro de Saurischia. Las especies más grandes tienden a ser más neumáticas que las pequeñas: los saurópodos gigantes y los terópodos están entre los animales más neumáticos.

LOS AGUJEROS Y CAVIDADES NEUMÁTICOS SON EVIDENTES EN LOS HUESOS DE CIERTOS DINOSAURIOS

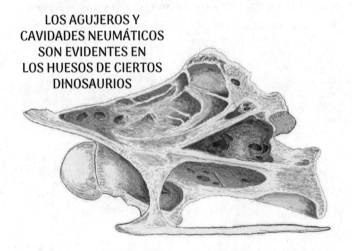

No se han reportado casos convincentes de neumaticidad en ornitisquios, aunque es posible que poseyeran sacos de aire en la cavidad corporal y no en el esqueleto. Fuera de Dinosauria, los pterosaurios son neumáticos, al igual que algunos miembros del linaje de los cocodrilos del Triásico. Esto podría significar que los arcosaurios ancestrales a los dinosaurios eran neumáticos, en cuyo caso los ornitisquios perdieron la neumaticidad esquelética. Otra posibilidad es que evolucionaran dos o más veces de manera independiente. No estamos seguros.

Es probable que la neumaticidad proporcione varias ventajas a los animales que la poseen. La presencia de sacos de aire en la cavidad corporal les permite inspirar más aire de lo que sería posible de otra manera, por lo que probablemente son mejores para extraer oxígeno de la atmósfera. Tal vez esto les dio una ventaja a los dinosaurios y otros arcosaurios en las condiciones de bajo oxígeno del Mesozoico temprano. Además, poseer cavidades llenas de aire en los huesos y en el cuerpo es ventajoso, especialmente para animales grandes, ya que reduce el peso.

Ornithoscelida

Clado propuesto para Ornithischia más Theropoda. La idea de que los dinosaurios podían dividirse en Saurischia y Ornithischia recibió un duro golpe en 2017, cuando tres paleontólogos británicos —Matthew Baron, David Norman y Paul Barrett— propusieron un modelo alternativo en las páginas de la revista científica *Nature*. Basados en datos anatómicos de dinosaurios descubiertos en todo el mundo, los paleontólogos argumentaron que el árbol genealógico convencional era incorrecto y que los terópodos y los ornitisquios debían unirse en un clado que excluyera a los sauropodomorfos y los herrerasáuridos. A diferencia de la mayoría de las afirmaciones científicas de alto perfil, este descubrimiento se mantuvo en secreto hasta su publicación, por lo que fue un *boom*.

El nombre *Ornithoscelida* no era nuevo, sino que fue propuesto por Thomas Huxley, el Bulldog de Darwin, en 1870. Huxley propuso llamar así a un grupo que incluía tanto al celurosaurio jurásico compsognato —que consideró representante de Compsognatha, el nuevo grupo—, como a Dinosauria que, de acuerdo con él, comprendía a Megalosauridae, Scelidosauridae e Iguanodontidae. El uso de Ornithoscelida por parte del equipo de Baron ha alimentado la idea de que al usar este término, Huxley excluía a los sauropodomorfos; sin embargo, no fue así, ya que incluyó al saurópodo *Cetiosaurus* dentro de Dinosauria (dentro de su versión de Iguanodontidae específicamente). Por lo tanto, el uso del término Ornithoscelida por parte del equipo de Baron no concuerda con el original.

Su propuesta significó la desaparición del orden Saurischia tradicional. Los investigadores optaron —de manera poco sabia, en mi opinión— por retener el nombre para el clado que incluye a herrerasaurios y sauropodomorfos. Basados en la anatomía de los primeros ornitisquios, terópodos y sauropodomorfos, postularon que el ancestro común de los dinosaurios era omnívoro, lo que implicaría que los hábitos depredadores de los herrerasaurios y los terópodos avanzados serían convergentes. Además, con base en las posiciones de dinosauromorfos como *Saltopus* y *Agnosphitys* (ambos del Reino Unido), sugirieron que los dinosaurios podrían haberse originado en el norte y no en el sur, como se había acordado anteriormente.

Los estudios que desafiaban esta propuesta no se hicieron esperar: prácticamente todos los académicos interesados en la evolución de los dinosaurios querían aportar su «grano de arena». Un estudio encontró que algunas iteraciones de datos respaldaban Phytodinosauria, y un artículo posterior, realizado por Matt Baron, propuso que Ornithischia podría catalogarse dentro de Theropoda.

Al momento de escribir este libro, existen opiniones divididas sobre la pertinencia del modelo de Ornithoscelida. Algunos expertos piensan que la evidencia recopilada que apoya la existencia de ornitoscélidos no es genuina, y ello se debe a errores e interpretaciones imprecisas de los detalles anatómicos. Otros creen que hay bases sólidas para afirmar que es genuina y que, aunque se han cometido errores, la distribución de las características anatómicas es un buen indicio que respalda su legitimidad. Otros están indecisos y piensan que la respuesta real podría ser inextricable. Esta última posibilidad parece una salida fácil, pero hemos aprendido de la filogenética molecular que las radiaciones evolutivas de algunos grupos fueron tan rápidas y explosivas, e involucraron tanta hibridación e intercambio génico entre poblaciones, que su patrón de evolución fue en forma de estrella. Así que, tal vez, el tiempo lo dirá… o tal vez no.

Véase también: Ornithischia; Phytodinosauria; Saurischia

Ornitisquios

Clado principal de dinosaurios, a menudo llamado «dinosaurios con caderas de ave» y técnicamente nombrado *Ornithischia*, que incluye tireóforos, ornitópodos y marginocéfalos. Ornithischia fue acuñado en 1888 cuando Harry Seeley argumentó que los dinosaurios podían ser clasificados en dos grupos, basados en la diferencia principal entre ellos: la forma de la pelvis. En un grupo, los huesos púbicos se proyectan hacia adelante y hacia abajo. Dado que esta es la configuración de los lagartos (y, de hecho, es la condición típica de los reptiles y animales vertebrados en general), Seeley llamó a este grupo Saurischia, que significa «cadera de lagarto». En el otro grupo, los huesos púbicos tienen una proyección hacia adelante, pero están mayormente dirigidos hacia atrás y hacia abajo para extenderse de manera paralela a los isquiones. Debido a que esta configuración caracteriza a las aves, Seeley nombró a este grupo *Ornithischia*, que significa «cadera de ave».

Seeley también observó que los saurisquios tenían huesos neumáticos a diferencia de los ornitisquios. Asimismo, afirmó que los dos grupos no estaban estrechamente relacionados. Aquí comienza la postura —que fue predominante hasta finales del siglo xx— de que Dinosauria no era un clado. De hecho, la propuesta de Seeley fue tan ampliamente adoptada que se consideró el único esquema de clasificación de dinosaurios durante el siglo xix, lo cual está lejos de ser cierto. Sin embargo, la idea de que los dinosaurios no eran un clado eventualmente fue refutada, pues los saurisquios y los ornitisquios comparten características ausentes en otros grupos de reptiles.

Como los principales grupos ornitisquios poseen formas corporales muy distintas, la idea de que Ornithischia consiste en al menos cuatro subgrupos se consolidó para finales del siglo xix. No obstante, las opiniones sobre cómo podrían estar relacionados eran vagas. El consenso hasta los años ochenta fue que los ornitópodos eran un «tronco central» del cual emergieron anquilosáuridos, estegosáuridos y ceratopsios. La verdadera forma del árbol genealógico ornitisquio comenzó a modelarse durante los años ochenta, específicamente gracias al estudio realizado en 1986 por Paul Sereno, quien demostró que los tireóforos no presentan características que unen a los ornitópodos y a los marginocéfalos. El clado ornitópodo más marginocéfalo se denomina Cerapoda y es parte del clado más inclusivo, NeOrnithischia.

Varias tendencias importantes ocurrieron durante la evolución de los ornitisquios. Pasaron de tener formas ancestrales, pequeñas y bípedas, a desarrollar dientes, mandíbulas y mecanismos de masticación cada vez más complejos, y crecer hasta alcanzar un mayor tamaño. La cuadrupedalidad y las proporciones robustas y corpulentas evolucionaron al menos tres veces en tireóforos, ornitópodos iguanodontianos y ceratopsios. Cráneos notablemente modificados evolucionaron dentro de los iguanodontianos y los marginocéfalos. Sin embargo, algunas líneas evolutivas retuvieron una forma corporal ligera y cursorial, así como un tamaño reducido, y persistieron hasta el final del Cretácico.

Véase también: marginocéfalos; Ornithoscelida; ornitópodos; saurisquios; tireóforos

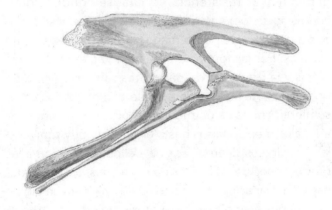

Ornitomimosaurios

Conocidos como «imitadores de avestruces» o «dinosaurios avestruz», los Ornitomimosaurios son un clado de celurosaurios cretácicos, principalmente asiáticos y norteamericanos, que se caracteriza por sus patas largas y delgadas, su apariencia similar al avestruz y las mandíbulas desdentadas de sus miembros más conocidos. El hecho de que existieran decenas de millones de años antes que las avestruces vuelve irónico que se les nombre «imitadores», ya que, si acaso, los avestruces los imitaron a ellos... pero la historia es así.

Los ornitomimosaurios fueron descubiertos en la última década del siglo XIX, cuando Othniel Marsh nombró a *Ornithomimus* del Cretácico tardío de Colorado, Estados Unidos. Otros, como *Struthiomimus* y *Dromiceiomimus*, de América del Norte, y *Gallimimus* y *Sinornithomimus*, de Asia, fueron nombrados más tarde. Sus patas revelan que eran corredores rápidos y dependían de la velocidad para evitar a los depredadores. Sus largos metatarsianos (es decir, los huesos entre la articulación del tobillo y los dedos) estaban unidos para brindarles mayor resistencia, lo cual se conoce como *condición arctometatarsaliana*. Los especímenes asociados muestran que por lo menos algunas especies eran sociales. Por las formas de sus mandíbulas, sus garras rectas y la presencia de gastrolitos sabemos que eran principalmente herbívoros, aunque es probable que consumieran animales pequeños en ocasiones. Todos los animales mencionados hasta ahora son muy similares, las principales diferencias entre ellos conciernen a las proporciones de los huesos de sus manos. Sin embargo, hay cierta variación en tamaño. *Gallimimus* era un gigante; algunos ejemplares llegaban a medir dos metros en las caderas y más de ocho metros de largo, mientras que otros presentaban de tres a cuatro metros de longitud. Los ornitomimosaurios mencionados hasta ahora pertenecen a Ornithomimidae; son ornitomímidos.

Desde los años setenta se han nombrado muchos ornitomimosaurios no ornitomímidos. Todos carecen de la condición arctometatarsaliana. Algunos tienen dientes, que van desde unos cuantos hasta la asombrosa cantidad de 220, en el caso de *Pelecanimimus* del Cretácico inferior de España. El más famoso de los no ornitomímidos es el enorme *Deinocheirus* del Cretácico tardío de Mongolia, nombrado en 1972 y que durante mucho tiempo fue conocido solo por sus brazos —cada uno de 2.4 metros de largo—, además de su cintura escapular, sus costillas y algunos fragmentos. Durante años este animal fue un enigma, pues inicialmente se pensó como una especie de megalosáurido y en ocasiones se representó como un superdepredador de brazos largos. No obstante, en 1972, John Ostrom señaló que era similar a los ornitomímidos, y la idea de que era un ornitomimosaurio gigante fue predominante en la década de los ochenta. Estas propuestas fueron confirmadas en 2013. *Deinocheirus* era, en realidad, un ornitomimosaurio gigante, pero uno más extraño de lo que cualquiera hubiera imaginado. Poseía un cráneo de un metro de largo, sin dientes y parecido a una espátula; tenía una vela y miembros posteriores robustos; medía alrededor de 12 metros de largo y pesaba más de seis toneladas. La presencia de más de 1400 pequeños gastrolitos está en consonancia con una dieta principalmente herbívora, pero los restos de peces en su estómago sugieren omnivoría. Hoy en día, *Deinocheirus*, así como algunos taxones similares más pequeños (*Hexing* y *Beishanlong*, de China), están unidos dentro de Deinocheiridae. Un supuesto deinoqueírido de México, llamado *Paraxenisaurus*, se encuentra en una posición algo dudosa.

La manera en que se relacionan los ornitomimosaurios con otros celurosaurios ha sido motivo de incertidumbre. Por definición, están fuera de Maniraptora, y la mayoría de los estudios arrojan que los ornitomimosaurios están más cerca de los maniraptoriformes que los tiranosauroides. Otras propuestas defienden que los ornitomimosaurios y los tiranosauroides forman un clado, o que los ornitomimosaurios forman un clado con los terizinosaurios y los alvarezsaurios.

Al momento de escribir este libro, el registro de ornitomimosaurios no se extiende más allá del Cretácico, aunque tal vez se originaron en el Jurásico medio. Podemos afirmarlo basándonos en el hecho de que los otros grupos de celurosaurios tienen registros fósiles que se remontan hasta este periodo. El pequeño *Nqwebasaurus* del Cretácico Inferior de Sudáfrica, que medía alrededor de un metro de largo, podría ser un ornitomimosaurio, en cuyo caso sería el más antiguo conocido.

Los fósiles excepcionales de Canadá confirman que los ornitomímidos —y, por extensión, otros ornitomimosaurios— tenían plumas y un pelaje lanudo que cubría la mayor parte del cuerpo, con excepción del abdomen y las partes finales de las extremidades traseras. Filamentos o plumas sobresalían de sus brazos y quizás de sus manos. ¿Estaba igualmente emplumado el gigante *Deinocheirus* o tenía una cobertura más escasa o reducida? Por ahora no estamos seguros.

Véase también: celurosaurios; maniraptoriformes; terópodos

DEINOCHEÍRIDO Y ORNITOMÍMIDO

Ornitópodos

Gran clado de ornitisquios—técnicamente llamado Ornithopoda— reconocido de manera común por incluir al pequeño y bípedo hipsilofodonte, al cuadrúpedo más grande y robusto, *Iguanodon*, y a los hadrosáuridos. En general, eran herbívoros equipados con un cuello flexible y extremidades anteriores ligeramente desarrolladas. Usaban sus mandíbulas superiores e inferiores en forma de pico para cortar plantas y poseían dientes complejos con gran resistencia al desgaste.

Si bien el grupo recibe su nombre porque sus patas supuestamente son parecidas a las de las aves, solo presentan una semejanza superficial, pues son más robustas y anchas; el primer metatarsiano es grande y llega al tobillo en aquellos miembros del grupo que poseen un primer dedo de la pata (equivalente al pulgar del pie humano). En el clado ornitópodo Iguanodontia, el primer dedo de la pata y el primer metatarsiano disminuyeron y desaparecieron. El hecho de que la palabra *ornitópodo* signifique «con patas de ave» es desafortunado, ya que los verdaderos dinosaurios con patas de ave son los terópodos, el grupo que incluye a las aves mismas. No obstante, estamos atados al peso de la historia y perturbar las convenciones sería imprudente.

El contenido de Ornithopoda ha variado de forma radical a lo largo de las décadas. Antes de los numerosos estudios sobre la evolución de los dinosaurios que aparecieron durante los años ochenta, el término se usaba para todos aquellos ornitisquios que no eran tireóforos ni ceratopsios. Desde esa época y hasta los años noventa algunos autores pensaban que los ceratopsios debían incluirse dentro de Ornithopoda y propusieron que habían evolucionado a partir de animales similares al hipsilofodonte.

Sin embargo, a partir de 1986, año en que Paul Sereno publicó su estudio fundamental sobre la filogenia de los ornitisquios, el contenido del grupo se volvió más preciso: las definiciones modernas vinculan el nombre con el linaje que incluye a los taxones más cercanos a iguanodonte y a los hadrosáuridos, excepto por el tricerátops. Una variedad de animales, en esencia bípedos y vagamente similares a hipsilofodonte —incluidos los que por lo común se agrupan como hipsilofodóntidos—, está dentro de esta versión redefinida de Ornithopoda. En este sentido, llama la atención que el propio hipsilofodonte podría no estar entre ellos. De hecho, algunos estudios han encontrado que varios grupos de hipsilofodóntidos están completamente fuera de Ornithopoda. Tal es el caso de los jeholosaurios de China Cretácica, y los parquesaurios, teselosaurios y orodrominos de América del Norte Cretácica. Los elasmarianos del hemisferio sur permanecen dentro de Ornithopoda, al igual que los rabdodontomorfos y, por supuesto, los iguanodontianos centrales (el clado que incluye a iguanodontes y hadrosáuridos).

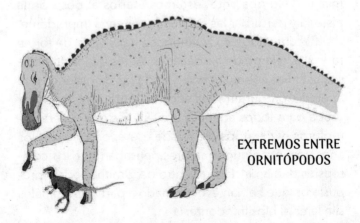

EXTREMOS ENTRE ORNITÓPODOS

Las tendencias evolutivas dentro de Ornithopoda implican crecimiento, aumento en el número de dientes y una mejor capacidad para arrancar y procesar plantas duras. Los hadrosáuridos no solo fueron los ornitópodos más grandes, sino que también tuvieron el mayor número de dientes, las dentaduras más complejas y los picos más grandes y complejos. Sin embargo, algunas estirpes de ornitópodos fueron conservadoras y pudieron haber experimentado un cambio mínimo a lo largo de su historia. Los rabdodontomorfos son un posible ejemplo de esto, ya que hay indicios de que persistieron relativamente iguales durante cerca de 100 millones de años.

Hay evidencia abundante de comportamiento social en los iguanodontianos. La mayoría parecen haber sido animales que habitaban en manadas, formaban colonias de anidación y practicaban el cuidado parental. Sin embargo, se tiene menor claridad sobre otros ornitópodos. Hay evidencia de cuidado parental y vida en grupo en los elasmáridos, y parece probable que al menos algunos (o quizás la mayoría) de los dinosaurios similares al hipsilofóntido vivieran en pequeñas manadas.

Véase también: hadrosáuridos; heterodontosáuridos; *Iguanodon*; marginocéfalos; ornitisquios; rabdodontomorfo

Osmólska, Halszka

Cazadora de fósiles y paleontóloga polaca (1930-2008), reconocida principalmente por su trabajo centrado en terópodos, hadrosáuridos, paquicefalosaurios y ceratopsios del Cretácico tardío de Mongolia. A pesar de su fama como experta en dinosaurios, inició su carrera académica como especialista en trilobites. Su cambio de enfoque ocurrió en 1963, cuando se unió a las expediciones paleontológicas polaco-mongolas al desierto de Gobi, donde comenzó a estudiar dinosaurios, aunque no se sabe si estaba previamente interesada en ellos, ya que todavía estaba trabajando con trilobites a principios de los años setenta.

Su primera publicación sobre dinosaurios, coescrita con Ewa Roniewicz y publicada en 1970, fue sobre el ornitomimosaurio *Deinocheirus*, un animal enigmático y fascinante que pronto se convirtió en una «superestrella» de la literatura sobre el tema. De hecho, las publicaciones de dinosaurios de Osmólska parecen una lista de los dinosaurios más destacados del Cretácico de Mongolia, donde involucra estudios anatómicos de especies de ornitomimosaurios, dromeosáuridos, troodóntidos y ovirraptorosaurios. También realizó una investigación sobre la anatomía craneal de los ornitisquios y, en colaboración con Teresa Maryańska, publicó un trabajo sobre los hadrosáuridos y los paquicefalosaurios asiáticos. En un artículo de 2002, coescrito con Maryańska y Mieczysław Wolsan, argumentó que los ovirraptorosaurios deberían incluirse dentro del clado de las aves. Podría afirmarse que esta audaz interpretación respalda la idea de Greg Paul de que algunos maniraptoriformes mesozoicos eran descendientes sin capacidad de vuelo de animales similares al arqueoptérix, aunque, en este caso, los resultados parecen ser un error causado por la escasez de pájaros incluidos en el estudio. Con David Weishampel y Peter Dodson, Osmólska coeditó la gran obra de referencia estándar sobre dinosaurios del Mesozoico, *The Dinosauria* (El Dinosauria), publicada en 1990.

Una muestra del aprecio que se le tuvo, y que se le sigue teniendo, es el hecho de que está conmemorada en los nombres del ovirraptorosaurio *Citipati osmolskae*, de los dromeosáuridos *Velociraptor osmolskae* y *Halszkaraptor*, del reptil triásico *Osmolskina* y del conejo fósil *Prolagus osmolskae*. Un obituario escrito por Magdalena Borsuk-Białynicka describió a Osmólska como una «consejera servicial y desinteresada» y como una «colega gentil, serena y sabia».

Véase también: maniraptoriformes; ornitomimosaurios; ovirraptorosaurios; Paul, Greg

Ostrom, John

Principal paleontólogo responsable, junto con su estudiante Robert Bakker, de revitalizar el interés científico en los dinosaurios. Ostrom (1928-2005) trabajó en el Museo Peabody de Historia Natural de la Universidad de Yale y estuvo muy activo en el campo de los estudios sobre dinosaurios entre principios de los años sesenta y finales de los noventa. Publicó sobre hadrosáuridos, sobre la mecánica de masticación de ceratopsios y sobre el comportamiento social y la endotermia de los dinosaurios en general. También describió y reinterpretó al compsognato y el tricerátops. Ostrom también fue maestro y tutor de estudiantes de doctorado.

Sin embargo, Ostrom es más conocido por sus estudios fundacionales sobre el origen de las aves. Estos involucraron la anatomía y el estilo de vida de los maniraptoriformes (en particular, deinonico y arqueoptérix), y el origen y la evolución del vuelo aviar. Virtualmente, todo lo que hoy ocurre en los estudios de maniraptoriformes del Mesozoico se puede rastrear hasta aquellos trabajos.

Dos líneas de investigación independientes llevaron a Ostrom a estudiar estos temas. A finales de los años sesenta planeaba estudiar pterosaurios. Visitó Europa para observar fósiles de la caliza Solnhofen del Jurásico. Mientras estudiaba un espécimen en el Museo Teylers, en Haarlem, Países Bajos, se percató de que no era un pterosaurio en absoluto: era un terópodo, específicamente un arqueoptérix (sigue leyendo). Esto no solo fue importante en términos científicos —Ostrom logró publicar un artículo en *Science*—, sino que también lo fue en su vida personal, ya que lo motivó a estudiar a fondo al arqueoptérix. Estos estudios coincidieron con su trabajo sobre un terópodo descubierto en 1964: deinonico, que Ostrom nombró y describió en 1969. Este dinosaurio ágil y dinámico —habría utilizado su cola en forma de vara para equilibrarse y las garras de sus patas, semejantes a navajas, para eviscerar a su presa— causó sensación. En un artículo de *National Geographic* de 1978, Ostrom presentó a deinonico y otros nuevos descubrimientos, y promovió una nueva visión de los dinosaurios. Todo esto formó parte de lo que Bakker denominó el Renacimiento de los dinosaurios.

La anatomía detallada del deinonico era sorprendentemente similar a la de arqueoptérix, y aquí es donde se unieron las dos líneas de investigación de Ostrom. Deinonico no fue un ancestro de los pájaros (vivió mucho después de animales como arqueoptérix), pero aparentemente mostraba cómo eran dichos ancestros, cómo vivían y funcionaban. Durante los años setenta y ochenta, Ostrom propuso que los pájaros evolucionaron a partir de terópodos similares al deinonico. Su argumento principal era que el vuelo aviar evolucionó en un entorno terrestre a partir de terópodos que usaban un movimiento de agarre al capturar presas. Este era un modelo de vuelo «de abajo hacia arriba», y presentaba al arqueoptérix como un habitante del suelo.

El trabajo y los descubrimientos posteriores, especialmente los publicados durante los años ochenta, llevaron a una aceptación generalizada de las propuestas de Ostrom. Él obtuvo mayor respeto, fue reconocido por su capacidad de previsión, por ser generalmente acertado y matizado en sus conclusiones, por su prudencia y por el rigor de sus análisis. La Conferencia Internacional sobre Arqueoptérix de 1984, celebrada en Eichstätt, Alemania, confirmó que las opiniones de Ostrom sobre los orígenes de las aves eran el tema central de la conversación de todo el campo, y también que sus propuestas habían iniciado un cambio de paradigma.

El anuncio del celurosaurio con plumas *Sinosauropteryx* en la provincia de Liaoning, en 1996 —aclamado en ese momento como el «primer dinosaurio emplumado» (excepto por las aves)— fue considerado por Ostrom como una vindicación de sus puntos de vista. En este sentido es oportuno que haya conocido los fósiles emplumados de Liaoning durante los últimos años de su vida. Ostrom falleció en 2005 debido a complicaciones relacionadas con la enfermedad de Alzheimer. Su prestigio está representado en el hecho de que cuatro dinosaurios —*Utahraptor ostrommaysi*, *Rahonavis ostromi*, *Bagaraatan ostromi* y *Ostromia*— han sido nombrados en su honor. El arqueoptérix de Haarlem que reidentificó en 1970 resultó ser un nuevo taxón de maniraptor, nombrado *Ostromia*, en 2017.

Véase también: Archaeopteryx; Bakker, Robert; *Deinonychus*; maniraptoriformes; provincia de Liaoning; Renacimiento de los dinosaurios

Ovirraptorosaurios

Clado de maniraptoriformes encontrados principalmente en Asia y América del Norte que se caracterizan por sus cráneos de hocicos cortos, a menudo crestados y sin dientes, así como por la asociación de algunos taxones con huevos y nidos. Su nombre técnico, Oviraptorosauria, proviene del *Oviraptor* del Cretácico tardío de Mongolia, un terópodo del tamaño de un humano descubierto en una expedición del Museo Americano de Historia Natural, en 1923. Dado que fue descubierto junto a un nido lleno de huevos —y tenía una anatomía craneal inusual— se consideró que era un depredador de huevos hallado in fraganti saqueando el nido del ceratopsio *Protoceratops*. Esto explica su nombre: ovirráptor significa «ladrón de huevos». Sin embargo, el descubrimiento en 1995 de un ovirraptorosaurio conservado sobre un nido lleno de huevos de protoceratopo demostró que el espécimen de 1923 no estaba robando huevos en absoluto, sino que estaba cuidando de los suyos.

Oviraptor es parte de un grupo ovirraptorosaurio (Oviraptoridae) que incluye alrededor de veinte taxones asiáticos con caras profundas y mandíbulas cortas. Un segundo subgrupo —Caenagnathidae— incluye taxones asiáticos y norteamericanos, muchos de los cuales tienen mandíbulas más largas y menos profundas, así como extremidades más largas y delgadas que los oviraptóridos. En un principio, el miembro homónimo de Caenagnathidae —*Caenagnathus*, de Alberta, nombrado en 1940— se reconoció a partir de una mandíbula inferior que se pensaba perteneciente a un ave enorme no voladora. Esto significa que durante una época la gente imaginaba animales parecidos a avestruces compartiendo el paisaje con tricerátops y tiranosaurios rex.

Actualmente se conocen alrededor de 15 taxones de cenagnátidos. Los más pequeños eran del tamaño de un pavo, mientras que otros medían entre dos y cuatro metros de largo. El enorme *Gigantoraptor* de China medía ocho metros de largo y pesaba dos toneladas. Aunque el gigantorráptor definitivamente no es un cenagnátido, es el ovirraptorosaurio más descomunal y uno de los maniraptoriformes más grandes de todos.

CAUDIPTERYX DE TAMAÑO SIMILAR AL DE UN PAVO

Las colas proporcionalmente cortas y robustas son típicas de los ovirraptorosaurios y, en algunas especies, las vértebras en la punta de la cola están fusionadas. Los cenagnátidos tienen patas especializadas con metatarsianos (huesos largos entre el tobillo y los dedos) unidos para brindar mayor resistencia. Algunos presentan una versión inusual de esta condición donde los metatarsianos están fusionados en el extremo del tobillo.

Otros grupos de ovirraptorosaurios están fuera del clado que contiene a los ovirraptóridos y cenagnátidos.

Entre ellos están los avimímidos —un pequeño grupo asiático y canadiense de animales del tamaño de un pavo, notable por tener extremidades anteriores pequeñas y metatarsianos parcialmente fusionados, similares a los cenagnátidos— y los caudiptéridos del Cretácico inferior de China, los cuales tienen dientes. El miembro homónimo de este grupo —*Caudipteryx*, de Liaoning— preserva un plumaje intacto; tiene plumas largas en las extremidades anteriores y un arreglo de cola en forma de abanico. Cuando se publicó, causó sensación por ser el primer dinosaurio no aviar indiscutiblemente preservado con plumas complejas. Asimismo, *Protarchaeopteryx*, descrito en el mismo artículo de 1998 y también con plumas preservadas, es un ovirraptorosaurio dentado, pero sus similitudes son poco claras.

¿Cómo vivían los ovirraptorosaurios? Por la forma de sus mandíbulas y cráneos, algunos estudiosos los consideran depredadores de moluscos y de pequeños vertebrados, o herbívoros. Las piedras estomacales (gastrolitos) muestran que caudiptérix era principalmente herbívoro y es probable que su grupo en general también lo fuera. Sin embargo, esto no excluye la posibilidad de que capturara y comiera pequeños animales cuando surgía la oportunidad. Las comunidades muestran que algunas especies vivían en grupos, e incluso hay especímenes conservados acurrucados en posiciones de sueño. Las colas musculosas de estos dinosaurios han llevado a pensar que usaban sus arreglos de plumas de cola en forma de abanico al estilo del pavo real, muy probablemente en exhibiciones de cortejo.

Por último, vale la pena considerar la relación entre los ovirraptorosaurios y otros clados de maniraptoriformes. La idea más aceptada hoy en día sostiene que los

ovirraptorosaurios son parientes cercanos de los dromeosáuridos, los troodóntidos y las aves, y que los cuatro
grupos forman el clado Pennaraptora. Sin embargo, ocasionalmente se ha sugerido que los ovirraptorosaurios
podrían formar un clado con los terizinosaurios. Ambos
tienen vértebras de cuello parecidas, y hay similitudes en
sus garras y caderas.

Véase también: maniraptoriformes; terizinosaurios

Owen, Richard

Uno de los anatomistas, paleontólogos y zoólogos más
consumados y experimentados de la era victoriana. Richard Owen (1804-1892) —se convirtió en *sir* Richard
en 1883— está famosamente asociado con los dinosaurios porque acuñó la palabra *Dinosauria* en su informe
de 1842 sobre reptiles fósiles británicos. En ese trabajo
describió que tres reptiles fósiles de Inglaterra recientemente nombrados —*Megalosaurus*, *Iguanodon* y
Hylaeosaurus— tenían en común un alto número de
vértebras sacras, huesos grandes de las extremidades
y características de vértebras y costillas.

Owen consideraba a estos animales como versio-
nes reptilianas de rinocerontes y elefantes: una especie
de reptiles «paquidérmicos». Sus propuestas sobre la
apariencia de los dinosaurios están inmortalizadas en el
Crystal Palace. Según el historiador de la ciencia Adrian
Desmond, la visión de Owen de los dinosaurios como
paquidérmicos estuvo motivada, en parte, por las opiniones evolutivas que se popularizaron en la época. En
este sentido, Owen habría utilizado a los dinosaurios a
propósito para justificar que la vida no necesariamente
mejora con el tiempo, pues aquellos dinosaurios —reptiles gigantescos y paquidérmicos— no podían ser, en

lo absoluto, los humildes ancestros de las serpientes y de los lagartos, pequeños y reptantes, de la actualidad. Owen también describió al cetiosaurio, en 1841. Este fue el primer saurópodo descrito científicamente; sin embargo, Owen no sabía que era un dinosaurio y lo consideró un enorme pariente marino de los cocodrilos. Su descripción del tireóforo *Scelidosaurus*, en 1863, también es significativa, al ser el primer estudio de un esqueleto completo y articulado de un dinosaurio del Mesozoico.

A pesar de su fama como descriptor de reptiles fósiles, Owen comenzó su carrera como anatomista. Estudió Medicina en la Universidad de Edimburgo, en Escocia, antes de dedicarse a la investigación científica mientras estaba en el Royal College of Surgeons, en Londres. Su objetivo era convertirse en el «Cuvier británico», un título informal codiciado por quienes participaban en la ciencia biológica británica en ese momento. Se convirtió en superintendente del departamento de historia natural del Museo Británico en 1856, y en 1859 propuso la construcción de un museo dedicado a la historia natural en Londres. Esta «catedral de la naturaleza» abrió en 1882 y revolucionó de forma drástica la perspectiva sobre cómo deben ser los museos. Hoy permanece como un centro de investigación y exhibición de fama internacional y está fuertemente asociado con los dinosaurios debido a sus exhibiciones, colecciones y la investigación de su personal.

La familiaridad de Owen con animales de todo tipo, fósiles y vivos, lo llevó a proponer numerosas hipótesis sobre la historia de la vida y sobre el origen de nuevas formas. Se opuso al modelo de evolución por selección natural de Darwin y también solía ser grosero con sus colegas y contemporáneos. Se peleó con Gideon Mantell, y Thomas Huxley escribió que era «temido y odiado». Por estas razones a menudo se le considera un villano en la historia de la paleontología y la zoología. Aunque no era un santo, gran parte de su reputación es injusta e inexacta, ya que no toma en cuenta sus vastas contribuciones a la ciencia ni su capacidad para mantener la biología y la paleontología en el ojo público.

Véase también: Crystal Palace

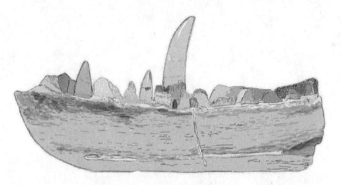

LA MANDÍBULA ORIGINAL DE *MEGALOSAURUS*, UNO DE LOS TRES DINOSAURIOS DE OWEN

P

Paquicefalosaurios

También conocidos como *cabezas óseas* o *dinosaurios de cráneos de cúpula*, son un clado de ornitisquios bípedos mayormente del Cretácico tardío de Asia y América del Norte, famoso por sus cráneos gruesos. Los taxones varían en longitudes que van de uno a cinco metros. Sus dientes pequeños, con formas vagamente similares a las hojas, muestran que se alimentaban de follaje. También poseían dientes caniniformes en la parte delantera de la boca que quizás usaban durante combates o para morder frutas y animales pequeños. Estos dientes son en apariencia similares a los de los maniraptoriformes troodóntidos y, por ello, ambos fueron considerados el mismo grupo durante más de cuarenta años.

El esqueleto de los paquicefalosaurios es poco conocido, y todavía se esperan descubrimientos que esclarezcan muchos aspectos de su anatomía. Sabemos que los brazos y las manos son pequeños, que las caderas y la base de la cola son anchas, y que presentaban varas óseas incrustadas en la musculatura de la cola. En un inicio se pensaba que estas varas eran tendones osificados como los que se conectan a las vértebras de otros ornitisquios; sin embargo, se trata de huesos intermusculares, estructuras vistas en otros peces con aletas rayadas. Podrían indicar que la cola era robusta y que quizá se usaba como almacén de grasa, arma, o incluso como punto de apoyo.

En una época se pensó que los paquicefalosaurios se dividían en dos grupos: los homalocéfalos de cráneo plano y los paquicefalosáuridos de cráneo abovedado. El miembro fundador del grupo homalocéfalo —*Homalocephale*, de Mongolia— es similar al paquicefalosáurido contemporáneo *Prenocephale*, aunque su principal diferencia es que este último tiene un cráneo abovedado. Quizás el prenocéfalo sea la forma adulta y la bóveda solo aparecía en la madurez. Esta idea se ha aplicado tanto a paquicefalosaurios norteamericanos como asiáticos, pero resulta problemático utilizarla en los animales estadounidenses —es decir, *Dracorex* y *Stygimoloch*—, pues eran elaborados, y tenían espinas y cuernos pequeños no vistos en su supuesta forma adulta (*Pachycephalosaurus*). Si realmente formaban parte de la misma serie de crecimiento, significa que experimentaban cambios profundos durante su crecimiento —ontogenia extrema.

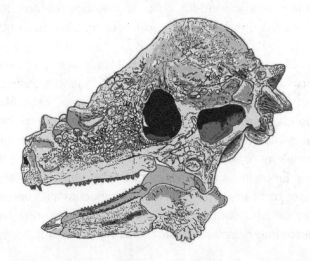

El cráneo grueso de los paquicefalosaurios ha llevado a considerar que se comportaban como ovejas o
cabras, golpeándose las cabezas cuando luchaban por
dominio o en rituales de cortejo. El hecho de que la
mayoría de los especímenes consistan en domos par-
ciales y desgastados, transportados desde tierras altas
aparentemente, derivó en la hipótesis de que provenían
de lugares montañosos; sin embargo, estudios posteriores han cuestionado estas ideas. Los cráneos de los
paquicefalosaurios no están diseñados para colisiones
a alta velocidad, sino más bien para empujar o golpear
de lado a lado. Los estudios sobre la presencia de paquicefalosaurios muestran que sus restos se conservan
a menudo en entornos de tierras bajas, por lo que no
hay razón para considerar que vivieran en las alturas.

Por último, ¿cómo se relacionan los paquicefalosaurios con otros ornitisquios? A finales del siglo xx, por su
forma bípeda y falta de armadura corporal, fueron interpretados como ornitópodos, posibles descendientes
de animales similares a *Hypsilophodon*. Sin embargo,
en 1974, Teresa Maryańska y Halszka Osmólska con-
traargumentaron esta visión y propusieron que los paquicefalosaurios eran un grupo distinto que merecía su
propio suborden. A medida que los estudios sobre la
filogenia de los dinosaurios continuaron durante los
años ochenta, varios autores resaltaron las características compartidas por paquicefalosaurios y ceratopsios.
Algunas propuestas iniciales ubicaron a paquicefalosaurios, ceratopsios, estegosaurios y anquilosaurios juntos
(puedes ver esto promovido en *The Dinosaur Heresies*
(Las herejías de los dinosaurios, de Robert Bakker, de
1986). Sin embargo, después se evidenció que los anquilosaurios y los estegosaurios (unidos en Thyreophora) estaban fuera del clado que contiene a los demás

ornitisquios, que los ornitópodos eran parientes cercanos de los paquicefalosaurios y los ceratopsios, y que estos últimos formaban un clado, denominado Marginocefalia en el estudio pionero de Paul Sereno sobre la filogenia de los ornitisquios, de 1986.

Véase también: marginocéfalos; ornitisquios

Parque Jurásico

Guion cinematográfico de 1983, exitosa novela de 1990, además de película y franquicia cinematográfica posteriores que lograron introducir al público a la «perspectiva moderna» de los dinosaurios —el Renacimiento— más que cualquier otro esfuerzo.

Tanto el guion como el libro *Parque Jurásico* fueron escritos por el autor estadounidense Michael Crichton (1942-2008), mejor conocido por sus *thrillers* que incorporan elementos de ciencia ficción y tecnología futurista. Sus obras a menudo se centran en los peligros de la intervención humana en tales asuntos y generalmente tienen una visión negativa del avance científico. Muchos de sus escritos han sido adaptados al cine.

La novela *Parque Jurásico* es una advertencia sobre la ingeniería genética y específicamente sobre la desextinción explotada con fines comerciales. En el relato se resucita a cerca de veinte especies de dinosaurios para crear un parque temático y, desde el principio, es obvio que los animales son increíblemente peligrosos y capaces de escapar del cautiverio. La teoría del caos se menciona a lo largo del libro para explicar eventos, en particular, en voz del matemático Ian Malcolm. Crichton obviamente leyó el libro de Greg Paul de 1988 *Predatory Dinosaurs of the World* (Dinosaurios depredadores del mundo) y algunas de sus decisiones reflejan las propuestas de Paul. Crichton también estaba familiarizado con el trabajo de Jack Horner sobre la biología de los hadrosáuridos, y uno de los personajes principales, el paleontólogo Alan Grant, está inspirado en él. Hasta aquí todo bien; sin embargo, también se puede argumentar que Crichton tomó decisiones extrañas en su relato: el tiranosaurio rex tiene una lengua parecida a la de un camaleón, muchos de los dinosaurios son venenosos y los dromeosáuridos tienen una fuerza de mandíbula similar a la de una hiena, incluso son capaces de masticar barras de metal.

Incluso antes del lanzamiento de la novela, Crichton negoció tarifas para adaptar el libro en una película. Varios nombres importantes de Hollywood —entre ellos Steven Spielberg, Tim Burton y James Cameron— intentaron comprar los derechos, pero Spielberg y Universal Studios se impusieron. Un equipo de ensueño de visionarios de los efectos especiales trabajó para dar vida a los dinosaurios, incluidos Phil Tippett y el equipo de Stan Winston Studios e Industrial Light and Magic. Las innovaciones en animación por computadora realizadas para la película fueron revolucionarias. Por primera vez se generaron animales vivos completamente computarizados —esos efectos siguen siendo impresionantes hoy en día— y se consultaron varios asesores paleontológicos para realizar la película. Jack Horner tuvo el papel más importante, pero el autor Don Lessem y los paleontólogos Mike Greenwald, Jacques Gauthier y Rob Long también aportaron.

El aspecto de los dinosaurios de *Parque Jurásico* es notable en el sentido de que eran tan precisos como podían ser para 1993. Eran dinosaurios dinámicos, de cuerpo horizontal, basados en las reconstrucciones esqueléticas de Greg Paul (algunas de las cuales aparecen en la película), aunque se hicieron ajustes y rediseños a medida que se adaptaban para ser más interesantes para el relato. Esto afectó especialmente a *Dilophosaurus*, que se convirtió en un animal en miniatura que escupía veneno y tenía una cresta cervical eréctil. Los animales etiquetados como velocirráptor en la película no son miembros sobredimensionados de ese taxón, sino que están basados en el deinonico. Así como la novela de Crichton, la película sigue la propuesta de Paul de que el deinonico es una especie de velocirráptor. Spielberg y su equipo también optaron por representar dinosaurios con escamas. Se puede argumentar que esto fue lo más apropiado, pues los dromeosáuridos emplumados aún no se conocían en el registro fósil, además de que renderizar plumas en imágenes por computadora —y aplicarlas de manera realista a marionetas y robots— es costoso. Por otro lado, se podría decir que un proyecto como este debía haber sido lo suficientemente audaz como para asumir el desafío y emplumar a sus dinosaurios, ya que siempre fue una idea buena y sensata.

Parque Jurásico se estrenó en junio de 1993 y tuvo un enorme éxito. Recaudó más de 914 millones de dólares en su lanzamiento y se convirtió en la película más taquillera de todos los tiempos, récord que mantuvo hasta el éxito de *Titanic* en 1997. Naturalmente, se realizaron secuelas: *El mundo perdido: Parque Jurásico* en 1997 y *Parque Jurásico III* en 2001, aunque ninguna de ellas es particularmente notable. La franquicia resucitó en 2015 con *Mundo Jurásico*, que tuvo un gran éxito. Es una película muy diferente de *Parque Jurásico*, pero es deliberadamente similar, ya que mantiene el mismo aspecto para los animales. Considero que es una lástima, dado que de otra manera habría sido una excusa perfecta para darnos dinosaurios del siglo XXI en vez de los de principios de los noventa, pero bueno, las películas son arte y los cineastas son libres de representar su visión como quieran... al menos eso me han repetido cada vez que he criticado la película y el aspecto de sus animales.

Parque Jurásico es aclamada hoy en día por haber sido enormemente inspiradora para muchas personas que trabajan en paleontología. Desempeñó un papel crucial en la historia del cine occidental y en la aplicación de efectos digitales. En 2018, la Biblioteca del Congreso de Estados Unidos de América la reconoció como merecedora de preservación en el Registro Nacional de Películas de Estados Unidos.

Véase también: Horner, Jack; Paul, Greg; Renacimiento de los dinosaurios

Paul, Greg

Paleoartista e investigador estadounidense. Es el principal responsable de la representación moderna de los dinosaurios no aviares y uno de los ilustradores de vida antigua más influyentes del mundo.

Paul cuenta entre sus influencias a Charles Knight, Bill Berry y Jay Matternes, pero fue el descubrimiento del trabajo de Robert Bakker, a principios de los años setenta, lo que despertó su interés en el Renacimiento de los dinosaurios. A partir de entonces estudió de manera informal bajo la tutela de Bakker en la Universidad Johns Hopkins, en Baltimore, y comenzó a producir ilustraciones de calidad profesional. Entre sus aportaciones más significativas, publicadas desde principios de los años ochenta, están las representaciones de pequeños terópodos con plumas y saurópodos con una forma compleja (no amorfa ni tosca como los artistas tendían a mostrar); además, propuso que los dromeosáuridos y otros maniraptoriformes eran probables descendientes sin capacidad de volar de animales voladores similares a *Archaeopteryx*.

Las ilustraciones de Paul se publicaron por primera vez a finales de los setenta en revistas como *Science* y *Natural History*, donde acompañaron artículos de Stephen Jay Gould. Para finales de los ochenta, Paul se convirtió en un referente del mundo paleoartístico. Numerosas de sus piezas aparecieron en la exposición itinerante «Dinosaurios: pasado y presente», de 1986 a 1991, y su artículo en el volumen acompañante —«The science and art of restoring the life appearance of dinosaurs and their relatives. A rigorous how-to guide» (La ciencia y el arte de reconstruir la apariencia de los dinosaurios y sus parientes: una guía práctica y rigurosa)— sigue siendo ampliamente consultado. El estilo de Paul para mostrar reconstrucciones esqueléticas que representan al animal en una pose de carrera, con un contorno de tejido blando negro rodeando los huesos, ha sido adoptado ampliamente. Sus reconstrucciones de alta fidelidad y ultradetalladas tienen un aspecto único que pocos han logrado imitar.

Varias de las afirmaciones de Paul sobre los dinosaurios aparecieron en artículos técnicos publicados a partir de 1984, pero se recuerdan principalmente por formar parte del libro de 1988 *Predatory Dinosaurs of the World* (Dinosaurios depredadores del mundo y PDW, por sus siglas en inglés). PDW tuvo detractores y fue criticado por varios paleontólogos poco después de su publicación. En particular, se cuestionaron los pronunciamientos confiados de Paul sobre la conducta de los dinosaurios, su promoción de la endotermia dinosauriana y el enfoque que le dio a la filogenia y la taxonomía de los dinosaurios. El prólogo de PDW explica que se pretendía que el libro fuera el primero de una serie que revisaría los fósiles arcosaurios del mundo, pero tanto la respuesta negativa como el cambiante mundo editorial provocaron que dichos planes fueran abandonados.

Existió un interés tan grande por el trabajo de Paul que durante mucho tiempo se solicitó la creación de un libro que compilara sus reconstrucciones esqueléticas y obras de arte, lo cual sucedió en 1996 con *The Complete Illustrated Guide to Dinosaur Skeletons* (La completa guía ilustrada de los esqueletos de dinosaurios); sin embargo, el hecho de que solo estuviera en Japón limitó su disponibilidad. La publicación en 2010 de la obra más completa *The Princeton Field Guide to Dinosaurs* (La guía de campo de Princeton sobre los dinosaurios) resolvió este problema. Para muchos interesados esta es la obra referencial sobre reconstrucciones de dinosaurios. Al momento de escribir estas líneas, Greg continúa ocasionalmente publicando tanto trabajos técnicos como libros.

Durante años, he comentado lo mismo sobre Greg Paul: tengo la sensación de que algunos académicos lo consideran un simple artista con opiniones de vanguardia, pero irrelevantes para el trabajo paleontológico formal. Lo que esta postura no considera es que su visión de los dinosaurios ha animado a muchas personas a estudiar este campo e interesarse en el tema. Ciertamente, ha sido una fuente de inspiración para los artistas paleontológicos, pero también para muchos científicos. Y si te inspiraste en los dinosaurios de *Parque Jurásico* (y sus secuelas), esto también te incluye a ti, ya que las reconstrucciones de Paul fueron integrales para crear los animales del filme.

Véase también: Bakker, Robert; Renacimiento de los dinosaurios

Phytodinosauria

Propuesta de clado que incorpora ornitisquios y sauropodomorfos. Durante las décadas posteriores al Renacimiento de los dinosaurios se ha refinado y fortalecido
la idea de que Dinosauria se divide en Saurischia y Ornithischia, y cada libro sobre el tema registra esta propuesta. Una aportación menos conocida es la clasificación alternativa que se generó en los años ochenta. Esta
planteaba que Saurischia era artificial y que los sauropodomorfos y ornitisquios debían unirse en Phytodinosauria, que significa «dinosaurios de plantas».

El autor de esta clasificación es Robert Bakker,
quien la registró en su obra *The Dinosaur Heresies* (Las
herejías de los dinosaurios), de 1986. Él pensaba que
los ornitisquios descendían de sauropodomorfos como
Anchisaurus, y enfatizó características compartidas en
la articulación de la mandíbula, los huesos del pecho y
el pulgar. A la par, Michael Cooper, en Sudáfrica, encontró fundamentos para asegurar la existencia de un clado
de sauropodomorfos más ornitisquios que denominó
Ornithischiformes.

Bakker no amplió su propuesta de phytodinosaurios,
pero fue adoptada por el paleoartista (quien también era
su protegido) Greg Paul. El escritor e investigador George Olshevsky también promovió la monofilia de los fito-
dinosaurios en sus artículos. Paul expresó su apoyo a
Phytodinosauria en su libro de 1988 *Predatory Dinosaurs
of the World* (Dinosaurios depredadores del mundo) y
también en un artículo de 1984. Esto nos lleva a una
curiosa tangente, ya que el artículo de Paul trataba sobre
terizinosauros. La conclusión de Paul fue que estos últimos eran animales intermedios entre prosaurópodos y
ornitisquios, pero ello solo podría ser posible si los prosaurópodos y los ornitisquios formaran un clado que no

incluye a los terópodos. Por lo tanto, sus conclusiones estaban supeditadas a la existencia de Phytodinosauria, aunque esto no se afirmara explícitamente en el artículo. Sin embargo, a mediados de los años ochenta el modelo de filogenia de dinosaurios de Saurischia/Ornithischia se estaba consolidando, lo cual ocasionó que el reconocimiento de Phytodinosauria (y la inclusión de los terizinosaurios dentro de ella) fuera insostenible. Fue así que Phytodinosauria quedó olvidada.

Hasta 2017, como consecuencia del debate sobre Ornithoscelida, varios autores reanalizaron las relaciones entre los dinosaurios y algunos árboles recuperados en estos estudios revelan un Phytodinosauria. Si bien este resultado no parece preciso, el hecho es que el término está presente en la literatura una vez más.

Véase también: Bakker, Robert; Ornithischia; Ornithoscelida; Paul, Greg; Saurischia; terizinosaurios

Prosaurópodos

Nombre antiguo utilizado básicamente para todos los sauropodomorfos que no son saurópodos. El concepto de Prosauropoda surgió entre 1920 y 1956, gracias a los trabajos del paleontólogo alemán Friedrich von Huene, quien propuso que varios dinosaurios del Triásico y del Jurásico inferior debían unirse en un grupo relacionado pero que a su vez fuera distinto de los saurópodos y los terópodos carnosaurios.

El miembro principal de los Prosauropoda de Huene fue el *Plateosaurus* del oeste de Europa del Triásico tardío. Mide alrededor de ocho metros de largo, tiene un cuello largo y dientes serrados en forma de hoja, así como otros parecidos a colmillos en la parte delantera de sus mandíbulas. Esta dentadura está principalmente adaptada para comer plantas, pero también indica el consumo ocasional de animales o carroña. Es posible que la mayoría de estos dinosaurios fueran omnívoros, capaces de sobrevivir en todo tipo de ambientes y de comer todo tipo de alimentos.

PLATEOSAURUS

Las grandes manos y los brazos fuertes de *Plateosaurus* y sus parientes han llevado a algunos expertos a considerarlos cuadrúpedos. Sin embargo, los esqueletos articulados muestran que sus palmas estaban orientadas hacia adentro, no hacia abajo, y los modelos por computadora confirman que eran bípedos. Es probable que usara las grandes garras de sus manos (la del pulgar era especialmente grande) en peleas y defensa personal.

Las huellas y los esqueletos preservados en proximidad muestran que algunos prosaurópodos vivían en manadas. Las crías fosilizadas y los huevos hallados en Argentina y Sudáfrica indican que algunos experimentaron cambios importantes en su apariencia durante su crecimiento, y que tal vez pasaron de ser cuadrúpedos a bípedos. El hallazgo de adultos cerca de nidos podría significar que practicaban el cuidado parental. Sin embargo, los ejemplares juveniles no diferían mucho en apariencia de los adultos, por lo que podría ser que el grupo empleara estrategias variables. En ese sentido, hay evidencia de la estructura ósea que sugiere que el plateosaurio tenía una tasa de crecimiento variable. Algunos individuos dejaron de crecer a los 12 años, cuando habían alcanzado los cinco metros, mientras que otros seguían creciendo, aunque lentamente, en su tercera década y después de superar los ocho metros de longitud. Quizás esta variabilidad estaba vinculada a las condiciones ambientales.

Para finales del siglo xx, los expertos acordaron que los prosaurópodos más antiguos eran dinosaurios del Triásico. Un ejemplo es *Thecodontosaurus* del Reino Unido, un herbívoro u omnívoro bípedo de cerca de dos metros de longitud. Se pensaba que animales como este dieron origen a otros más grandes y de cuello más largo, como *Anchisaurus*, de Estados Unidos, *Massospondylus*, del sur de África —ambos del Jurásico temprano— y como *Plateosaurus*. A su vez, animales como el plateosaurio estaban evidentemente cerca del ancestro de los melanorosáuridos, un grupo de enormes herbívoros cuadrúpedos similares a los saurópodos, algunos de los cuales medían más de diez metros de longitud. Dado que los melanorosáuridos son similares a los saurópodos, algunos expertos los consideraban ancestros directos de estos. Sin embargo, una opinión popular que se defendió durante los años sesenta y noventa es que no eran ancestros de saurópodos en absoluto sino que, de hecho, los prosaurópodos y los saurópodos compartían un ancestro que debió haber sido un dinosaurio triásico similar a *The-codontosaurus*.

Hoy en día ha desaparecido la idea de que existe un clado que corresponde al concepto de Prosauropoda de von Huene. En su lugar, parece que estos animales forman una serie de linajes que están sucesivamente más cerca de Sauropoda. Tecodontosaurio está entre los más alejados, mientras que los melanorosáuridos están muy cerca. El hecho de que los linajes en cuestión no se agrupen explica por qué el término *prosaurópodo* ha caído en desuso. En la actualidad, el nombre preferido para los linajes en cuestión es *saurópodomorfos no saurópodos*... lo cual es, ciertamente, menos eufónico.

Véase también: saurópodomorfos

Provincia de Liaoning

Uno de los lugares de fósiles mesozoicos más emocionantes y significativos del mundo descubiertos hasta la actualidad en el área del noreste de China, famosa por permitir el desarrollo de miles de terópodos no aviares con plumas y aves arcaicas, además de numerosos pterosaurios, mamíferos, anfibios, invertebrados y más. El nombre no se refiere a una sola localidad, sino a varias ubicaciones separadas, la mayoría de las cuales son pequeñas canteras o acantilados rodeados de tierras de cultivo.

La riqueza fósil de la provincia de Liaoning se popularizó internacionalmente en 1996, cuando se anunció el descubrimiento del esqueleto completo de un pequeño terópodo emplumado tanto en la prensa no especializada como en la científica. Se trataba del *Sinosauropteryx*, un celurosaurio estrechamente relacionado con el *Compsognathus* de Alemania. Filamentos

conservados en todo su cuerpo resultaron ser estructuras ramificadas hechas de los mismos materiales orgánicos que las plumas modernas; más tarde se demostró
que también conservaban rastros de pigmentos. Otros
dos terópodos emplumados, vagamente parecidos a
pájaros *Caudipteryx* y *Protarchaeopteryx*, fueron anunciados en Liaoning en 1998. Uno más, *Sinornithosaurus*,
fue publicado en 1999, y un cuarto —el famoso *Microraptor* de cuatro alas—, en 2000. Estos fósiles demostraron que las ideas de John Ostrom sobre el origen
dinosaurio de las aves eran correctas, y también que
Greg Paul y otros habían acertado al argumentar que las
plumas no eran exclusivas de las aves.

En los años posteriores a los primeros anuncios se
han presentado más descubrimientos con tanta rapidez
y numerosidad que ha sido difícil mantenerse al día. La
incertidumbre sobre las relaciones entre estos sedimentos generó mucha confusión sobre la edad de los fósiles
y sobre si eran contemporáneos. Hoy sabemos que algunos ejemplares, especialmente de la Formación Tiaojishan, tienen alrededor de 160 millones de años, por
lo que son del Jurásico medio o tardío. Los notables
escansoriopterígidos se encuentran entre ellos.

Un segundo conjunto de fósiles de Liaoning proviene de las formaciones Yixian y Jiufotang, estratos
mucho más jóvenes que datan de entre 130 y 110
millones de años, por lo que pertenecen al Cretácico
temprano. De ellas se conocen tiranosauroides grandes
y pequeños, al igual que numerosos maniraptoriformes,
como ovirraptorosaurios, dromeosáuridos, troodóntidos, así como aves arcaicas. Estos eran, en general,
animales pequeños que habitaban en bosques y vivían
en un área con numerosos lagos y volcanes cercanos.
Las erupciones volcánicas ocasionales liberaban gases

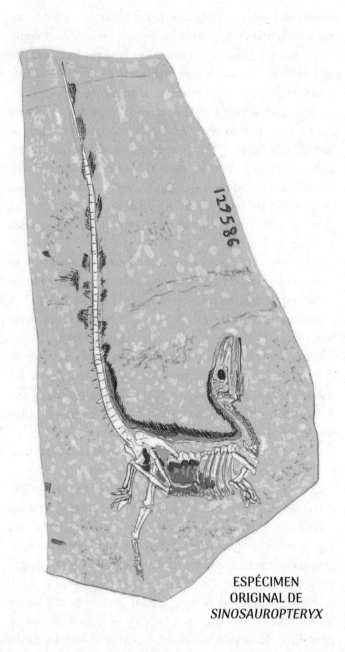

127586

ESPÉCIMEN
ORIGINAL DE
SINOSAUROPTERYX

tóxicos y cenizas finas. Los animales murieron y fueron inmediatamente enterrados en sedimentos de grano fino que previnieron la descomposición y preservaron algunos de sus tejidos blandos. No solo se conservan plumas, pelaje y piel, sino también globos oculares y, en ocasiones, incluso órganos internos, como los pulmones. Tras décadas de esperar a descubrir un buen número de pequeños celurosaurios emplumados y similares a las aves, que nos imaginábamos que existían, ahora tenemos una especie de sobreabundancia de riquezas.

Una última cosa que vale la pena mencionar sobre los fósiles de Liaoning. Los dinosaurios emplumados del Jurásico y Cretácico de la región son descubrimientos relativamente recientes, pero la ubicación en sí no lo es. De hecho, los fósiles del Cretácico de Liaoning han sido conocidos desde los años veinte. Esos primeros hallazgos involucraban artrópodos y peces... pero ¿cómo podría haber cambiado la historia si esos fósiles iniciales incluyeran a los dinosaurios emplumados por los que la zona es famosa hoy? Nunca lo sabremos, pero es divertido imaginar cómo podrían haber sido las cosas.

Véase también: aves; escansoriopterígidos; maniraptoriformes; tiranosauroides

R

Rabdodontomorfos

Grupo de ornitópodos iguanodontianos del Cretácico —técnicamente llamado Rhabdodontomorpha— que incluye especies grandes y pequeñas conocidas, encontradas tanto en Europa como en Australia. Los miembros «centrales» de este grupo son los rabdodóntidos: ornitópodos robustos y bípedos, exclusivos de Europa. Se caracterizan por tener un cráneo ancho en la parte de las mejillas y estrecho en el pico, con dientes yugales proporcionalmente grandes y adecuados para cortar materia vegetal resistente. Los más grandes medían entre cinco y seis metros de largo, pero otros eran pequeños, de dos a tres metros. Eran endémicos de las islas que existían en toda Europa durante el Cretácico tardío. De forma popular, se cree que eran «enanos isleños» y que su tamaño era una adaptación para la vida en la isla.

En algunos aspectos, los rabdodóntidos parecen arcaicos en relación con otros ornitópodos del Cretácico, por lo que otra idea popular es que eran «fósiles vivientes» de su tiempo, pues se cree que experimentaron poco cambio durante su existencia. Si bien esta es una historia linda, podría ser falsa. Varios estudios han encontrado que el *Muttaburrasaurus* del Cretácico inferior de Australia —nombrado así por la ubicación en

Queensland, donde se encontró por primera vez— es un pariente cercano de los rabdodóntidos. El mutaburrasaurio medía cerca de ocho metros de longitud, era probablemente bípedo, y tenía una nariz grande y hueca cuya función es desconocida. Quizás se utilizaba para hacer ruido.

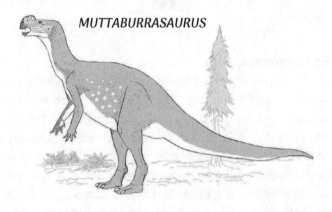

MUTTABURRASAURUS

Si el mutaburrasaurio y los rabdodóntidos pertenecen al mismo grupo, no hay evidencia concreta de que realmente fueran «fósiles vivientes». De hecho, su historia evolutiva podría haber sido dinámica. Es posible que estos dinosaurios comenzaran siendo grandes y que después algunos se volvieran pequeños; tal vez tanto el mutaburrasaurio como algunos rabdodóntidos se agrandaron en momentos distintos, o quizá ocurrió algo completamente diferente. Además, es muy probable que este grupo se haya originado durante o antes del Jurásico medio, hace alrededor de 170 millones de años, pues los miembros más antiguos de grupos relacionados de ornitópodos se encuentran en sedimentos de esa época. Sin embargo, hasta ahora, los rabdodontomorfos más antiguos conocidos son del Cretácico inferior y datan de hace unos 130 millones de años.

Como resultado, actualmente no tenemos datos de los primeros 40 millones de años de la historia de los rabdodontomorfos, y esperamos pacientemente el descubrimiento de nuevos miembros del grupo Jurásico.

Véase también: ornitópodos

Renacimiento de los dinosaurios

Evento cultural de los años sesenta y setenta (sigue leyendo), en el cual los dinosaurios fueron reinterpretados como animales ágiles, sociales, de sangre caliente y exitosos que continúan viviendo como aves. Quienes promovían esta visión de los dinosaurios —predominantemente John Ostrom y su estudiante Robert Bakker— cuestionaron el estereotipo que prevalecía con anterioridad, según el cual los dinosaurios eran monumentos a la ineficiencia y el mal diseño, condenados a la extinción. Bakker llamó a este cambio de ideas un Renacimiento, argumentando que marcaba el regreso a una visión más vigorosa de los dinosaurios prevalente durante finales del siglo XIX.

El Renacimiento provocó que los dinosaurios fueran áreas atractivas de discusión, y se produjeron intercambios acalorados sobre su biología en revistas científicas. El libro de Adrian Desmond de 1975, *Los dinosaurios de sangre caliente*, contribuyó a popularizar el Renacimiento, al igual que los artículos en *Scientific American*, *National Geographic* y *Discovery*.

Suele decirse que el Renacimiento de los dinosaurios solo fue resultado de los esfuerzos de Bakker y Ostrom, ya que los artículos del primero fueron los principales catalizadores del movimiento. Dichas publicaciones, que salieron a la luz entre 1968 y 1974, expusieron que los dinosaurios eran de «sangre caliente» y describieron el estilo de vida terrestre de los saurópodos. También se considera la descripción de deinonico que realizó Ostrom en 1969 como una piedra angular del Renacimiento de los dinosaurios. No obstante, una interpretación alternativa del movimiento señala que fue la consecuencia inevitable de la historia posterior a la Segunda Guerra Mundial y el cambio generacional. Las ideas promovidas por Ostrom y Bakker se basaban principalmente en fósiles —como los hallazgos encontrados durante las expediciones polaco-mongolas de los años sesenta y setenta— cuyo descubrimiento y estudio solo pudieron ocurrir en las décadas posteriores a la Segunda Guerra Mundial. Además, el *baby boom* de la posguerra dio lugar a una generación que se encontraba en la edad adecuada para sentir intriga y compromiso con las implicaciones de estos fósiles. Aunque el origen de las aves y el comportamiento y mecanismos de alimentación de los dinosaurios siempre habían sido objeto de estudio, la cantidad de investigaciones publicadas antes de los años sesenta y setenta había sido bajo debido al número reducido de paleontólogos que publicaban. Al considerar esto, una evaluación más justa del Renacimiento apunta a que fue una tormenta perfecta de eventos.

Si el Renacimiento fue un «evento» cultural, ¿cuándo terminó? ¿Fue efímero y perteneció únicamente a los años setenta? ¿Fue más prolongado? ¿Todavía estamos en él? Invité a mis colegas a reflexionar sobre ello y descubrí una diversidad de opiniones. El hecho de que vivamos en un periodo dinámico y de rápido movimiento, en el que las ideas del Renacimiento siguen siendo respaldadas e investigadas, podría significar que continúa en curso.

Sin embargo, prefiero la opinión de que el Renacimiento «terminó» cuando las visiones renacentistas de los dinosaurios se aceptaron en la cultura popular. La aparición de *Parque Jurásico*, en 1993, podría interpretarse como la señal de esa aceptación, al igual que la publicación, en la década de los noventa, de dinosaurios emplumados como *Sinosauropteryx* y *Caudipteryx*. Si el Renacimiento ha concluido, tal vez ahora estemos en un nuevo periodo, una especie de «Ilustración de los dinosaurios».

Véase también: Bakker, Robert; *Deinonychus*; Ostrom, John

Retención de presas de rapaces (RPR)

Estilo de depredación sugerido para los maniraptoriformes depredadores, en particular los dromeosáuridos, cuyo grupo incluye al deinonico y al velocirráptor. Este modelo —similar al manto[2] de las águilas y los halcones— implica someter a la presa parándose sobre ella mientras la sujetan con sus garras grandes y fuertemente curvadas. En 2011, Denver Fowler y sus colegas publicaron este comportamiento tras estudiar el estilo de depredación de las aves rapaces.

En el pasado no se apreciaba el parecido entre estas aves y los dromeosáuridos, pero ambos tienen una garra especialmente grande y curvada en el segundo dedo parecida a una hoz; de ahí que en los dromeosáuridos se le suele llamar «garra hoz». Después de atrapar a su presa, el ave recarga su peso sobre ella para retenerla en el suelo; entonces engancha la gran garra hoz en el animal para mantener el agarre y evitar que escape.

---

2 Manto es un comportamiento de las aves rapaces. Consiste en extender las alas y cubrir con ellas la presa que el ave está devorando para ocultarla de la vista de sus posibles competidores (*n. de la e.*).

Una vez que tiene inmovilizada a su presa, el depredador comienza a devorar al animal vivo.

Fowler y sus colegas nombraron a este estilo de depredación como retención de presas de rapaces (*raptor prey restraint*, RPR), y la idea de que los dromeosáuridos (¡aunque no todos ellos!) estuvieran especializados en RPR es atractiva. Las extremidades anteriores grandes y la larga cola completamente emplumadas podrían haberse utilizado para ayudar al animal a mantener el equilibrio sobre una presa que se resistiera. El uso de la técnica parece coincidir con la flexibilidad de las patas y las garras afiladas de estos dinosaurios, así como con la sección metatarsiana relativamente corta y robusta de la pata (que habría ayudado al depredador a transferir su peso a la presa), y con el hecho de que la garra en forma de hoz parece ser más adecuada para sujetar o agarrar presas más pequeñas que el depredador.

Esta idea reemplaza las propuestas anteriores sobre la depredación de los dromeosáuridos, donde la garra hoz se imaginaba como un arma de corte o desgarramiento, utilizada para abrir el flanco o el vientre de la presa y desentrañarla o desangrarla hasta morir. John

Ostrom propuso estas ideas en sus estudios sobre el deinonico, pero realmente no son viables, ya que las garras hoz no estaban diseñadas para cortar o rebanar. Esto se demostró en un estudio de 2006 que utilizó una extremidad robótica y una réplica de garra.

Fowler y sus colegas sugirieron que el acrónimo para este estilo de depredación —rpr— debería pronunciarse *ripper* (que significa «destripador» en inglés). Yo, sin embargo, prefiero quedarme con r-p-r, ya que llamarlo *método ripper* daría una impresión equivocada. Por cierto, el hecho de que la película *Parque Jurásico* causara que los dromeosáuridos ahora sean llamados *raptores* llevó a que la discusión de toda esta área se volviera más incómoda de lo que debería ser. En ornitología, el término *ráptor* significa «ave de presa».

Véase también: Deinonychus; Ostrom, John; *Parque Jurásico*

S

Saurisquios

Uno de los dos grandes grupos de dinosaurios dentro de las clasificaciones «convencionales», el otro es Ornithischia. Los saurisquios son informalmente conocidos como «dinosaurios de cadera de lagarto».

Saurischia fue acuñado en un breve artículo de 1888 por el famoso, «desafiante» y «anárquico» paleontólogo victoriano Harry Seeley. Él destacó que las especies de dinosaurios conocidas hasta ese momento diferían en varios aspectos importantes, especialmente en la estructura de la cadera. Mientras que los ornitisquios tenían huesos púbicos dirigidos hacia abajo y atrás, los huesos púbicos de los saurisquios se proyectaban hacia abajo y adelante. Seeley también señaló que estos últimos tenían huesos llenos de aire (o neumáticos) y que carecían de protección. Dos grupos principales forman Saurischia: Theropoda y Sauropodomorpha.

Los libros sobre dinosaurios suelen difundir la idea de que la clasificación de Seeley se convirtió en el nuevo estándar después de 1888, sin embargo, su propuesta fue ignorada durante toda su vida. No fue hasta 1907 que ganó el apoyo de otros especialistas. La historia de lo que sucedió en las siguientes décadas es demasiado complicada para detallarla aquí, pero para los años setenta, los términos de Seeley, Saurischia y Ornithischia, se habían vuelto de uso general. En un artículo revolucionario de 1974, Robert Bakker y Peter Galton argumentaron que ambos grupos compartían un ancestro, que, a su vez, era un dinosaurio. Siempre pareció lógica la estrecha relación entre terópodos y sauropodomorfos, ya que los primeros miembros de ambos grupos eran animales de constitución ligera y delgada, sin las especializaciones herbívoras de los ornitisquios. El descubrimiento de *Eoraptor* en 1993 enfatizó esta conexión, pues este dinosaurio parecía combinar características de terópodos y sauropodomorfos. De hecho, aunque se publicó como un terópodo, no pasó mucho tiempo antes de que algunos expertos lo reidentificaran como un posible sauropodomorfo temprano.

No obstante, el problema con Saurischia es que la forma característica de la cadera del grupo es simplemente la configuración «normal» de los animales vertebrados. No es una cualidad especial encontrada solo en terópodos y sauropodomorfos. Entonces, ¿el Saurischia de Seeley merecía reconocimiento? Durante los años

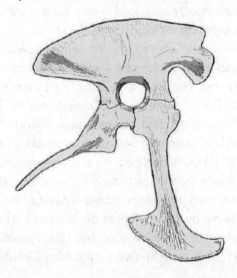

ochenta se aseguró varias veces que no, en particular, por aquellos que señalaban características que sugerían un vínculo entre los ornitisquios y los sauropodomorfos (ver la sección de Phytodinosauria). Sin embargo, en su estudio de 1986 sobre la filogenia de los dinosaurios, Jacques Gauthier encontró un fundamento anatómico para Saurischia: los terópodos y los sauropodomorfos compartían características en el cráneo, el cuello, la columna vertebral y la mano que no estaban presentes en los ornitisquios. Su argumento fue sólido y Saurischia tuvo respaldo desde entonces.

Así fue hasta 2017, cuando Matthew Baron y colegas publicaron su propuesta de que los terópodos y los ornitisquios deberían unirse dentro de Ornithoscelida. Según estos autores, el Saurischia de Seeley no es un clado. No obstante, en lugar de abandonar por completo el término, Baron y colegas lo aplicaron al clado de herrerasáuridos + sauropodomorfos. Considero que esta fue una mala decisión, ya que ahora la palabra tiene doble significado. Como se discute en otras partes de este libro (ver la sección de Ornithoscelida), el estado exacto de Saurischia —es decir, la versión de Saurischia de Seeley— ahora es incierto. Algunos expertos argumentan que su existencia ya no parece probable; otros señalan que su viabilidad depende de los datos que se examinen y la forma de analizarlos, y hay quienes piensan que su existencia nunca estuvo en peligro real.

Véase también: Ornithischia; Phytodinosauria

Sauropodomorfos

Grupo conocido técnicamente como Sauropodomorpha, que incluye a los saurópodos gigantes de cuello largo y a sus parientes. Es uno de los clados más duraderos y diversos. Abarca desde pequeños depredadores bípedos de cuello corto hasta grandes omnívoros bípedos de cuello largo y herbívoros cuadrúpedos. Entre ellos se encuentran los animales terrestres más grandes de todos los tiempos.

Los sauropodomorfos comenzaron su linaje durante el Triásico como depredadores bípedos. Un ejemplo es *Buriolestes* del Triásico tardío de Brasil, un dinosaurio de aproximadamente un metro de longitud, similar en apariencia a los primeros terópodos, con dientes curvados y brazos cortos. A partir de ancestros como este, el registro fósil de estos animales muestra su tendencia evolutiva hacia un aumento general de tamaño, mayor longitud del cuello, mayor robustez en los brazos y manos, además de una dieta herbívora.

Algunos sauropodomorfos del Triásico tardío, como *Melanorosaurus* de Sudáfrica, alcanzaron ocho metros de longitud y estaban adaptados a la vida cuadrúpeda. Estos animales poseían extremidades anteriores proporcionalmente largas, un hueso recto del muslo (en lugar de uno curvado), y un antebrazo especializado en el que la palma de la mano estaba orientada hacia atrás y no hacia adentro como en otros dinosaurios. Las manos de animales como el melanorosaurio eran más cortas y robustas que las de los sauropodomorfos anteriores y estaban especializadas en soportar peso. Los saurópodos evolucionaron a partir de dinosaurios como este y continuaron una tendencia evolutiva hacia el aumento de tamaño y de longitud del cuello, además de una especialización gradual de las manos y las patas para soportar peso.

Excepto por los saurópodos, todos los dinosaurios expuestos aquí se han agrupado convencionalmente como prosaurópodos. Aún puedes usar este término si lo deseas, pero en la actualidad es ambiguo, pues algunos de ellos se consideran saurópodos tempranos. También se puede argumentar que el término *prosaurópodo* implica que estos animales eran prototipos evolutivos, destinados a evolucionar hacia saurópodos. Esto es simplemente falso: la mayoría de los sauropodomorfos no saurópodos no eran ancestrales ni estaban estrechamente relacionados con ellos.

Las características clave que unifican a los sauropodomorfos incluyen típicamente cuello alargado, cráneo corto y dientes largos en la parte delantera de la boca. Estas cualidades fueron importantes en la historia del grupo, pero descubrimientos recientes sugieren que ciertos detalles de la articulación de la mandíbula, la parte superior del brazo y la articulación de la cadera también podrían haber sido características del clado durante sus etapas más tempranas. Tradicionalmente, se ha argumentado que la mayoría de los sauropodomorfos tenían huesos neumáticos con el fin de agruparlos con los terópodos en el clado Saurischia. Sin embargo, hay más cartas sobre la mesa, y si deseas saber más sobre ellas, puedes dirigirte a las secciones de Ornithoscelida y Phytodinosauria.

Véase también: prosaurópodos; saurisquios; saurópodos

Saurópodos

Gigantes herbívoros de cuello largo del Mesozoico. La mayoría de los grupos principales de dinosaurios tienen una forma corporal reconocible, pero ninguno más que los saurópodos. Sus primeros ejemplares, como el *Antetonitrus* de Sudáfrica, vivieron hace unos 200 millones de años, cerca del límite Triásico-Jurásico; los últimos vivieron justo al final del Cretácico, hace 66 millones de años.

Existen diferentes hipótesis sobre los orígenes y la historia temprana de los saurópodos, pero el consenso actual es que evolucionaron a partir de sauropodomorfos cuadrúpedos grandes, como el *Melanorosaurus* del Triásico tardío de Sudáfrica.

Estos animales experimentaron un aumento de tamaño durante las etapas más tempranas de su evolución. Especies de 12 a 15 metros de largo y alrededor de siete toneladas de peso ya existían en el Jurásico temprano, es decir, dentro de los primeros 15 millones de años de la existencia del grupo.

Detrás de la fama de los saurópodos está, por supuesto, su tamaño. Un saurópodo típico medía alrededor de 12 metros y pesaba cinco toneladas, pero especies que los duplicaban en tamaño —de 25 metros y de 25 a 50 toneladas— evolucionaron en varias ocasiones. Los más grandes incluyen al diplodócido de la formación Morrison, maraapunisaurio, que probablemente medía alrededor de 35 metros y pesaba más de 70 toneladas, y una selección de titanosaurios gigantes sudamericanos, como *Argentinosaurus*, *Notocolossus*, *Patagotitan*, entre otros, que medían entre 30 y 40 metros y pesaban entre 40 y 100 toneladas. El tamaño preciso de los saurópodos más grandes sigue siendo motivo de controversia, en parte porque sus restos están fragmentados, pero también porque las diferentes técnicas para estimar el peso proveen resultados distintos.

Dos buenas preguntas son cómo y por qué los saurópodos crecieron tanto. Los argumentos de que su gigantismo fue consecuencia de condiciones inusuales en el mundo, como una gravedad más baja, no están respaldados por evidencias. La respuesta parece ser que los saurópodos combinaron una serie de rasgos que los predisponían al gigantismo. Estos incluyen un esqueleto altamente neumatizado, sistema respiratorio similar al de las aves, cuello alargado que facilitaba el alcance de una gran cantidad de alimento, dependencia de la fermentación en el intestino posterior (que se vuelve más eficiente cuanto más grande es un animal) y cuatro extremidades columnares adecuadas para soportar un gran peso. Ningún otro grupo de animales ha estado equipado con esta combinación de características y probablemente por eso ningún otro grupo de animales terrestres ha alcanzado tamaños semejantes. Los ornitisquios más grandes, los elefantes y los rinocerontes extintos más grandes (como el famoso *Paraceratherium*) no lograron superar las 30 toneladas.

Se podría abundar sobre el constante cambio en nuestro entendimiento sobre la diversidad y la evolución de los saurópodos. Varios grupos —incluidos los vulcanodóntidos arcaicos, los mamenchisáuridos, especialmente de cuello largo, y los cetiosáuridos promedio— se encuentran fuera de Neosauropoda, el clado que incluye a los diplodócidos de cuello y cola largos y los macronarianos de cola relativamente corta.

La forma de vida de los saurópodos sigue siendo un enigma fascinante. Sus dientes, mandíbulas y cuerpos enormes muestran que eran herbívoros principalmente especializados en cortar e ingerir hojas, frondas y ramas. Sus compactas patas delanteras y sus extremidades como columnas muestran que eran animales terrestres que habitaban en bosques, parques y sabanas. Aunque seguramente podían nadar (y algunos pueden haber sido anfibios en pantanos, manglares o deltas), la idea de que en su conjunto eran habitantes de pantanos y lagos —popular entre finales del siglo xix y los años sesenta— nunca se basó en evidencia sólida ni en un argumento lógico. Esta noción se basaba parcialmente en la idea de que los saurópodos tenían mandíbulas y dientes débiles. Sin embargo, sus dientes eran eficaces herramientas de corte, especializados en el procesamiento de follaje relativamente duro. Una lengua grande y móvil, y la producción de una gran cantidad de saliva, probablemente ayudaban durante la alimentación.

El asombroso cuello de los saurópodos —formado por entre 12 y 19 vértebras— fue su innovación clave; los investigadores coinciden en que les proporcionó acceso a un enorme rango de alimentación vertical y horizontal. Sin embargo, en lo que discrepan es en la flexibilidad de su cuello y sobre si se usaba para alimentarse desde abajo o hacia arriba. Tanto la naturaleza de las articulaciones entre sus vértebras como la forma en la que los animales terrestres mantienen regularmente sus cuellos muestran que los de los saurópodos eran, en efecto, flexibles, y que se sostenían de manera habitual en un ángulo elevado. Mientras que los ornitisquios y los sauropodomorfos tempranos solo podían

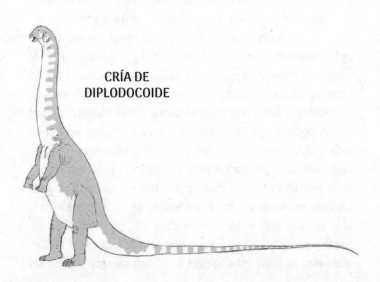

CRÍA DE
DIPLODOCOIDE

alimentarse de plantas que crecían de uno a cinco metros del suelo, los saurópodos podían alimentarse con facilidad hasta alturas de siete a diez metros. Las especies gigantes debieron tener alcances verticales de 15 metros o más.

También hay buenas razones para pensar que algunos saurópodos —especialmente los diplodocoides— podían ponerse de pie sobre sus patas traseras mientras usaban su enorme cola como soporte. Modelos realizados por computadora y estudios de su resistencia ósea muestran que el levantamiento bípedo no era difícil para ellos, y podrían haberlo realizado siempre que la comida estuviera fuera de su alcance; no obstante, tanto la flexibilidad del cuello como el tipo de desgaste microscópico de sus dientes muestran que algunos también se alimentaban a nivel del suelo, donde comían helechos, hierbas y otras plantas de bajo crecimiento. Es probable que los saurópodos de cuello corto, como los dicreosáuridos, pastaran en lugar de buscar alimentos en los árboles.

Quedan muchas preguntas por responder sobre la fisiología y la ecología de los saurópodos. Ese cuello increíblemente largo plantea todo tipo de dudas sobre la presión sanguínea, la ingesta de líquidos, la deglución, la respiración y la naturaleza del sistema nervioso. Mi opinión es que estos animales, que vivieron en todo el mundo durante más de 130 millones de años, desarrollaron soluciones extremas y sobresalientes para vivir con esta estructura igualmente extrema e impresionante. Pensamos que las jirafas son asombrosas porque poseen una serie de especializaciones inusuales en el cuello. Apuesto a que los saurópodos lo fueron aún más, aunque con esto no quiero faltarles al respeto a las jirafas.

En cuanto a la fisiología general, la evidencia de un crecimiento rápido en los saurópodos, especialmente jóvenes, indica que eran endotérmicos; es decir, de sangre caliente. Algunos estudios de isótopos preservados en sus dientes fundamentan esta idea. Además, un modelo endotérmico para la fisiología de los saurópodos encaja con el valor energético de las plantas que consumían; con la presencia de órganos y músculos que debían haber producido cantidades sustanciales de calor; con un sistema neumático tan extenso que habría resultado en el movimiento interno de grandes cantidades de aire (y, por lo tanto, la absorción de mucho oxígeno), y con la existencia de un cuello que habría sido un excelente radiador. La idea de saurópodos propiamente endotérmicos no ha sido apoyada por muchos paleontólogos, y en su lugar se ha promovido un modelo llamado *homeotermia inercial,* que es la idea de que mantenían calor simplemente por ser grandes; sin embargo, aunque esto no explica el rápido crecimiento de las crías de saurópodo, esta propuesta persiste principalmente porque se considera que el modelo endotérmico es poco plausible... lo que parece más una idea preconcebida que algo fundamentado por un estudio real.

Por último, es importante abordar la ecología de los saurópodos. Es muy probable que fueran lo que llamamos *ingenieros ecológicos:* agentes de cambio del mundo terrestre del Mesozoico, responsables de dispersar semillas, fertilizar y remover la tierra, cosechar plantas y crear una arquitectura del paisaje a través de sus actividades de alimentación y forrajeo. Casi con seguridad, sus vastas colonias de anidación, la abundancia de sus crías y la energía proporcionada por sus cuerpos cuando morían fueron componentes clave de las redes tróficas del Mesozoico. Por increíble que parezca, en la actualidad la mayoría de las ideas sobre estos temas es especulativa: el registro fósil simplemente no es tan bueno como para proporcionar una visión profunda de estas interacciones ecológicas, por más cruciales y amplias que hayan sido.

A partir de este resumen podría parecer obvio que hay suficiente información como para publicar un libro entero sobre diversidad, evolución, anatomía, comportamiento y ecología de los saurópodos. La buena noticia es que ese libro existe. Recomiendo encarecidamente *The Sauropod Dinosaurs: Life in the Age of Giants* (Los dinosaurios saurópodos: la vida en la era de los gigantes), de Mark Hallett y Mathew Wedel, publicado en 2016.

Véase también: diplodocoides; macronarios; formación Morrison; sauropodomorfos; turiasaurios

Sereno, Paul

Uno de los paleontólogos más famosos de la era moderna, conocido principalmente por su trabajo sobre los orígenes de los dinosaurios, los ceratopsios, los espinosáuridos y las aves del Cretácico. Nacido en 1957, estudió su doctorado bajo la tutela de Gene Gaffney, experto en tortugas, y Malcolm McKenna, especialista en mamíferos, en la Universidad de Columbia en Nueva York. Según el experto en ceratopsios Peter Dodson, Sereno «causó sensación como estudiante de posgrado» al aventurarse a Mongolia para obtener acceso a los psitacosaurios y otros ceratopsios que le interesaban. Obtuvo su doctorado en 1987.

Sereno es uno de los pocos investigadores en introducir la cladística (una nueva y rigurosa forma de analizar las relaciones evolutivas) a los estudios de dinosaurios durante los años ochenta. Varios de sus primeros trabajos —en particular su estudio de la evolución de los ornitisquios en 1986— fueron fundamentales para establecer la nomenclatura actual de los dinosaurios.

Durante principios de los años noventa publicó artículos clave sobre herrerasaurios y otros dinosaurios del Triásico, estegosaurios, aves del Mesozoico y ornitisquios primitivos. Más tarde, durante el transcurso de los años noventa, lideró estudios sobre dinosaurios del Sahara del Cretácico, incluidos carcarodontosáuridos, espinosáuridos y saurópodos. La diversidad de estos estudios le permitió producir revisiones sobre la evolución de los dinosaurios en su conjunto, y probablemente ha escrito más artículos de este tipo que cualquier otro especialista moderno. Combinado con su interés en la cladística y la nomenclatura, era de esperarse que propusiera un gran número de definiciones para clados y los nombres asociados con ellos. De hecho, la perspectiva sobre los dinosaurios descrita a lo largo del libro que estás leyendo en este momento le debe mucho a los hallazgos y publicaciones de Sereno.

Quizás más que cualquier otro paleontólogo, su trabajo ha sido acompañado por una publicidad ingeniosa y bien orquestada. *National Geographic* e innumerables documentales de televisión han difundido su trabajo. No es coincidencia que fuera votado como una de las cincuenta personas más bellas de 1997 por la revista *People*, un reconocimiento que seguramente todo paleontólogo desea obtener (es una broma). Esta manipulación mediática ha favorecido que algunos lo desprecien o lo critiquen, pero el hecho es que este espectáculo lo ha convertido en el científico bien financiado y famoso que es hoy en día.

En la actualidad, Sereno es profesor de paleontología en la Universidad de Chicago y un explorador en residencia de *National Geographic*. El trabajo que más recientemente lo ha llevado a aparecer en la prensa es su artículo de 2014, liderado por Nizar Ibrahim, sobre la anatomía y biología del espinosaurio.

Véase también: Carcarodontosáuridos; espinosáuridos; herrerasaurios; macronarios; marginocéfalos; ornitisquios; ornitópodos

Sue

Pocos dinosaurios fosilizados pueden reconocerse como individuos. *Dippy*, el diplodoco del Museo de Historia Natural de Londres es uno, y Sue, el tiranosaurio rex, es otro. Sue reside en el Museo Field de Chicago y tiene una historia famosamente tumultuosa. A pesar del nombre, Sue —que tiene una vida activa en redes sociales como X— no se identifica como hembra, y es, en cambio, de género neutro. Sin embargo, el nombre le fue otorgado en un momento en el que se pensaba que el espécimen era hembra.

La historia de Sue comienza en agosto de 1990, cuando la recolectora de fósiles comercial Sue Hendrickson descubrió un *Tyrannosaurus rex* excepcionalmente completo y grande en las Black Hills de Dakota del Sur. Hendrickson alertó a Pete Larson, presidente del Black Hills Institute, quien organizó la excavación del fósil. Surgió una disputa sobre la propiedad, ya que el dueño del terreno —un miembro de la tribu Sioux llamado Maurice Williams— argumentó que el fósil le pertenecía, lo que llevó al artículo con el nombre más ingenioso de toda la saga «Will the Sioux Sue for Sue?» (¿Los Sioux demandarán a Sue?). El espécimen luego pasó a estar bajo la jurisdicción del FBI, que allanó el Black Hills Institute, confiscó a Sue y la transfirió a la Escuela de

Minas y Tecnología de Dakota del Sur. Esto resultó en un largo caso judicial después del que finalmente Sue fue subastada el 4 de octubre de 1997.

Preocupado de que Sue pudiera desaparecer en propiedad privada, el Museo Field formó un consorcio con particulares, Disney, McDonald's y el Sistema de la Universidad Estatal de California para participar en la subasta, que terminaron ganando. La tarifa final —acordada dentro de los diez minutos posteriores al inicio de la subasta— fue de 8.3 millones de dólares estadounidenses. Sue había sido asegurada para el beneficio público.

Años de labores de preparación ocurrieron después en laboratorios especialmente construidos tanto en el Museo Field como en el Reino Animal de Disney en Orlando. Para el año 2000, el espécimen —oficialmente FMNH PR 2081 (aprende a decir esto, es más genial que «Sue»)— fue montado en el vestíbulo principal del Field para exhibirlo. Una descripción anatómica completa del espécimen, escrita por el paleontólogo Chris Brochu, apareció en 2003. En ella se mostró que varias afirmaciones hechas sobre él (que era hembra, que conservaba marcas de mordeduras e incluso fragmentos de dientes incrustados de otros individuos de *T. rex*, y que estaba preservada adyacente a los restos de una o dos de sus crías) no podían ser corroboradas. El estudio de Brochu también logró finalmente registrar la anatomía detallada del *T. rex*. Por increíble que sea, esto no se había hecho antes.

Más recientemente, Sue fue retirada de la exhibición en el vestíbulo principal del Field y se le dio su propia exhibición dedicada, que abrió en 2018. Esta mudanza se realizó junto con un nuevo montaje del esqueleto de Sue, el cambio más notable involucró la adición del conjunto completo de costillas abdominales del espécimen, técnicamente llamadas gastralias, las cuales muestran la gran profundidad de la cavidad corporal, algo que siempre estuvo allí pero que antes no era fácil de apreciar.

Véase también: Tyrannosaurus rex

T

Tendaguru

Uno de los diez mejores sitios del mundo que contienen fósiles de dinosaurios del Mesozoico (y, por mucho, el mejor en todo el continente africano), Tendaguru en Tanzania ha producido abundantes dinosaurios del Jurásico tardío. Estos incluyen al terópodo *Elaphrosaurus*, al braquiosáurido *Giraffatitan*, al diplodocoide *Dicraeosaurus*, al estegosaurio *Kentrosaurus* y al ornitópodo *Dysalotosaurus*. También se han encontrado restos fragmentarios que indican la presencia de espinosáuridos, carcarodontosáuridos, turiasáuridos y mamenchisáuridos.

Este conjunto tiene algunas similitudes con la formación Morrison de Estados Unidos. De hecho, una idea popular durante gran parte del siglo xx fue que ambas regiones (y probablemente las que se encontraban entre ellas) compartían los mismos dinosaurios. Trabajos recientes demuestran un patrón más complejo y muestran que los dinosaurios de Tendaguru y Morrison no son tan similares después de todo. Es posible que las regiones compartan clados importantes (como Brachiosauridae, Stegosauridae y Dryosauridae), pero no géneros. De hecho, las dos formaciones llevaban separadas casi 20 millones de años previos al tiempo en el que vivieron los dinosaurios de Tendaguru, así que en realidad eran muy distintas.

La unidad estratigráfica portadora de dinosaurios en Tendaguru —la formación Tendaguru— es gruesa y representa unos impresionantes 35 millones de años de sedimentos depositados entre el Jurásico medio y el Cretácico temprano. Sin embargo, los dinosaurios de la formación provienen de las partes Kimmeridgiano y Titoniano del Jurásico tardío, lo que los hace tener entre 157 y 145 millones de años de antigüedad.

La historia detrás de los dinosaurios de Tendaguru se ha contado con frecuencia, pero generalmente de una manera que omite información clave. Durante principios del siglo xx, Tanzania era la colonia alemana Deutsch Ostafrika, y la historia convencional cuenta que

GIRAFFATITAN, BRAQUIOSÁURIDO DE TENDAGURU

el ingeniero alemán Bernhard Wilhelm Sattler fue —en 1906— el primero en descubrir huesos de dinosaurios ahí. Las expediciones realizadas entre 1909 y 1913 resultaron en un gran botín de especímenes, los cuales fueron enviados a Berlín, donde —ensamblados entre las dos guerras mundiales, durante un periodo de extrema dificultad económica— fueron el centro de atención del espectacular Museo für Naturkunde. Después de la Primera Guerra Mundial, Alemania «perdió» la propiedad de Tanzania (ahora conocida como Tanganica) ante Gran Bretaña, y no pasó mucho tiempo antes de que los equipos británicos también excavaran en Tendaguru. Recuperaron más dinosaurios, pero solo en años recientes algunos estudios sobre estos especímenes han sido publicados.

Hoy en día, resulta difícil ver toda esta actividad colonial europea como algo más que el saqueo de la riqueza y el patrimonio paleontológico de Tanzania, y las peticiones para repatriar los fósiles han aumentado en volumen y frecuencia en los últimos años. Las discusiones están en curso al momento de escribir esto. También está claro que la historia que presenta el descubrimiento de Tendaguru como un suceso resultado sobre todo de la suerte y fortuna alemanas no es cierta, y tal vez incluso es un intento deliberado de excluir a las personas locales de la narrativa. Lejos de desconocer los fósiles, ellos los usaban en ceremonias religiosas y en realidad guiaron a los visitantes europeos a los lugares relevantes.

Una excelente guía sobre la historia de la recolección de fósiles en Tendaguru —el libro *African Dinosaurs Unearthed* (Dinosaurios africanos desenterrados) — fue publicada por Gerhard Maier en 2003. Es una obra impresionante y voluminosa que cubre la historia con lujo de detalles, y hay fuentes que indican que el manuscrito original era el doble de extenso que el producto final.

Véase también: braquiosáuridos; formación Morrison

Terizinosaurios

Propiamente llamado Therizinosauroidea o Therizinosauria, es un clado de celurosaurios provenientes del Cretácico, en su mayoría. Es tan particularmente inusual que a menudo se asegura que es un grupo de dinosaurios diseñados por comité. Hoy sabemos que los terizinosauros son maniraptoriformes y probablemente una de las ramas más antiguas dentro del grupo. Gracias a *Beipiaosaurus* de Liaoning también sabemos que estaban emplumados, como podría esperarse por su naturaleza maniraptoriforme; tal vez contaban con un plumaje peludo formado principalmente por filamentos similares a cabellos. Asimismo, poseían estructuras espinosas dispersas por todo el plumaje. Los dientes pequeños en forma de hoja y los picos de las mandíbulas parecen adaptados para una dieta de hojas, aunque podrían haber comido hongos, insectos y frutas.

Las proporciones de los terizinosauros son inusuales. Tienden a tener cuello largo y robusto, pelvis ancha, extremidades traseras fornidas, patas anchas y cola corta. Estas características indican que mantenían una postura más erguida de lo típicamente observado en otros dinosaurios. Es probable que hayan sido herbívoros que se alimentaban de plantas altas y usaban las grandes garras de sus manos para manipular el follaje, así como para defenderse y tal vez para la exhibición durante el cortejo.

Este es nuestro enfoque moderno sobre estos animales, pero nos llevó décadas llegar a este punto, y la historia de este conocimiento es interesante. Todo comenzó en los años cincuenta, cuando el paleontólogo ruso Evgeny Maleev describió a un reptil del Cretácico tardío conocido por el descubrimiento de costillas, huesos de una extremidad posterior y algunas garras tan largas que alcanzaban los 60 centímetros de longitud. Lo llamó *Therizinosaurus cheloniformis*, que significa «lagarto de guadaña parecido a una tortuga», y pensó que era un animal acuático. Para 1970, Anatole Rozhdestvensky, otro paleontólogo ruso, advirtió que el therizinosaurio era un terópodo, tal vez una forma comedora de hormigas que usaba esas garras gigantes para abrir nidos de insectos. Esta perspectiva sobre su alimentación fue discutida a lo largo de los años, pero no era compatible con la mayoría de los datos sobre los comedores de hormigas especializados, pues estos son mucho más pequeños que los terizinosauros y tienen una serie de características craneales ausentes en este grupo.

Luego pasamos a 1980, cuando Rinchen Barsbold y Altangerel Perle describieron un grupo de dinosaurios del Cretácico tardío de Mongolia a los que llamaron *segnosauros*. El grupo incluía a *Erlikosaurus* —nombrado por un cráneo completo— y *Segnosaurus*, basado en una mandíbula inferior, huesos de las extremidades, pelvis y algunas vértebras. Barsbold y Perle pensaron que los picos, los dientes pequeños y las patas anchas de los segnosauros mostraban que eran anfibios y depredadores de peces. Para 1982, Perle argumentó que el therizinosaurio era un segnosauro, siendo una consecuencia que Therizinosauroidea —en lugar de Segnosauria— es el nombre más antiguo para el clado.

Las patas anchas de los terizinosaurios son inusuales en comparación con las de otros terópodos. Este hecho llevó a Greg Paul, en 1984, a cuestionar la hipótesis de terópodos que se favorecía en aquel entonces. Paul argumentó que los terizinosaurios tenían mucho en común con los sauropodomorfos como *Plateosaurus*, pero con una anatomía de mandíbula y tobillo similar a la de los ornitisquios. Por lo tanto, propuso que eran reliquias tardías de la transición sauropodomorfa-ornitisquio... lo cual tiene sentido solo si se acepta el modelo de Phytodinosauria de afinidades de dinosaurios. Esta idea no sumó seguidores e iba en contra del consenso emergente de la época sobre la filogenia de los dinosaurios, pero la interpretación de Paul sobre la anatomía de los terizinosaurios —que básicamente representaba como plateosaurios modificados, con mandíbulas con pico y garras enormes— apareció en varios libros de ese tiempo y fue la visión predominante sobre estos animales durante algunos años.

A finales de los años ochenta algunos autores propusieron afinidades sauropodomorfas para los

THERIZINOSAURUS

terizinosaurios. Sin embargo, la idea de terópodos fue la que prevaleció. En su descripción de 1993 del terizinosaurio chino *Alxasaurus*, Dale Russell y Zhi-Ming Dong respaldaron una posición para estos dinosaurios dentro de Theropoda y, en un movimiento arriesgado, cerca de los manirraptoriformes. Una posición manirraptoriana para los terizinosaurios fue respaldada por estudios posteriores y fortalecida por nuevos descubrimientos, entre ellos *Beipiaosaurus*, publicado en 1999, y *Falcarius* del Cretácico Inferior de Utah, publicado en 2005. Falcario es interesante porque tiene proporciones más parecidas a las de un celurosaurio estándar que otros terizinosaurios.

Russell bien pudo haber «acertado» con los terizinosaurios en lo que respecta a la filogenia, pero una interesante desviación en el abordaje de estos animales provino de su intento, en 1993, de reconstruir su apariencia y comportamiento. En colaboración con Donald Russell y el artista Ely Kish, Russell argumentó que los terizinosaurios convergían con los calicoterios, un grupo de mamíferos herbívoros de largos brazos y garras. Al combinar las partes esqueléticas conocidas de varios terizinosaurios, y hacer extrapolaciones para tener en cuenta el tamaño, el equipo propuso que el therizinosaurio probablemente carecía de dientes, tenía un cuerpo ancho y corto, miembros posteriores cortos y un cuello desproporcionadamente largo, y que las garras de sus manos, que usaba como apoyo, alcanzaban el suelo. Describieron que probablemente estaba adaptado para sentarse mientras alcanzaba la vegetación con el cuello. Sin duda, esta era una interpretación interesante de la apariencia y la biología de los terizinosaurios, pero es mejor considerarla parcialmente correcta.

Existe poca evidencia directa sobre la biología de los terizinosaurios. Se conocen embriones y huevos, al igual que huellas de pisadas. Sin embargo, ninguno de estos hallazgos nos dice mucho más de lo que podríamos suponer. Un estudio de 2013 sobre la fuerza de la mordida del erlikosaurio concluyó que esta era débil y que las acciones de su mandíbula involucraban principalmente el corte y el desgarrado de hojas.

Si los terizinosaurios son uno de los clados más antiguos dentro de Maniraptora, se deduce que deben haber existido, al menos, desde el Jurásico medio, pues conocemos miembros tempranos del clado de las aves que datan de esa época. Al momento de escribir estas líneas, los terizinosaurios jurásicos son prácticamente desconocidos. En la actualidad se tiene información de lo que podría ser un terizinosaurio del Jurásico temprano: *Eshanosaurus* del suroeste de China, conocido solo por una mandíbula inferior parcial. La identidad de este espécimen es motivo de controversia: algunos argumentan que es un sauropodomorfo, pero otra posibilidad es que no sea del Jurásico temprano en absoluto, sino de sedimentos del Cretácico. Si es un terizinosaurio del Jurásico temprano, esto mostraría que varios eventos importantes en la evolución de los manirraptoriformes y los celurosaurios ocurrieron durante la primera mitad de este periodo; es decir, antes de lo que se pensaba.

Véase también: celurosaurios; maniraptoriformes; Phytodinosauria

Terópodos

Dinosaurios en su mayoría depredadores (sigue leyendo) y aves. Propiamente, el nombre de este clado es Theropoda, cuya característica principal es poseer patas estrechas parecidas a las de las aves. Los terópodos tienen más cavidades llenas de aire en el cráneo que otros grupos de dinosaurios, una fúrcula o «hueso en forma de y», y una mano con un quinto dedo reducido o ausente. Como es habitual, estas características no son comunes en todos los taxones del grupo; varias se modificaron o se perdieron en diversas líneas evolutivas. Los terópodos sobreviven hasta la actualidad y son el clado de dinosaurios más longevo. De hecho, la diversidad, biomasa y distribución de las aves significan que los terópodos son el clado de dinosaurios más «exitoso» de todos.

Los terópodos que se consideran más típicos, como el megalosaurio y el alosaurio del Jurásico, eran grandes depredadores bípedos. Poseían un cráneo profundo y estrecho, dientes recurvados y serrados, y extremidades anteriores musculosas con grandes garras recurvadas en los tres dedos internos, entre las que sobresale la del pulgar. Su cuello solía ser flexible y musculoso, sus piernas estaban diseñadas para caminar o correr de manera sostenida. La cintura pélvica era profunda y estrecha, con huesos púbicos que apuntaban hacia abajo y hacia adelante, a veces con una gran extensión en forma de bota en sus extremos unidos. Sin embargo, todas estas características cambiaron durante la historia de los terópodos. Algunos desarrollaron brazos especialmente largos (una tendencia que culminó en alas aviares), piernas cortas o caderas ensanchadas donde los huesos púbicos terminaron apuntando hacia abajo y hacia atrás (como sucede en las aves). En varias ocasiones perdieron dientes durante su evolución.

Varios dinosaurios pequeños y primitivos del Triásico son los más antiguos de los terópodos. Estos —como *Eodromaeus* de Argentina— medían alrededor de un metro de largo, y tenían manos prensiles, proporciones livianas y un cráneo rectangular. Animales de este tipo dieron origen al clado que contiene a todos los

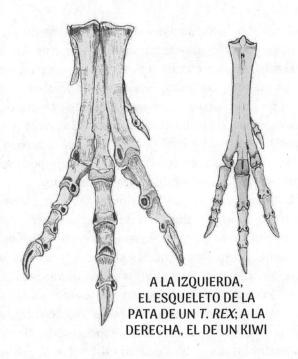

**A LA IZQUIERDA,
EL ESQUELETO DE LA
PATA DE UN *T. REX*; A LA
DERECHA, EL DE UN KIWI**

terópodos restantes, entre los cuales se encuentran los
ceratosaurios y los tetanuros; estos últimos son también
conocidos como *terópodos de cola rígida*, el clado altamente diverso que contiene a la mayoría de los taxones de terópodos. Los tetanuros incluyen una agrupación de clados de terópodos depredadores, la mayoría
de tamaño mediano y grande —como los megalosauroides y alosauroides— así como a los celurosaurios, el
clado que incluye a las aves y a todos los tetanuros
restantes parecidos a las aves. Todos estos grupos tienen sus propias secciones en este libro.

Los terópodos «típicos» como *Megalosaurus* y *Allosaurus* eran depredadores que utilizaban sus dientes y
poderosas mandíbulas para morder a su presa. Es posible que provocaran cortes o desgarros en los cuerpos
de los animales para debilitarlos antes de comenzar a

alimentarse de ellos. Los brazos fuertemente musculosos y las garras de mano recurvadas también podrían haber sido utilizados para herir a sus presas. A lo largo de su historia los terópodos desarrollaron numerosos estilos de alimentación. Las cabezas de los espinosáuridos, similares a las de los cocodrilos, probablemente se usaban para atrapar peces además de presas terrestres; los tiranosauroides desarrollaron una mordida aplastante que podía usarse para romper huesos, y las mandíbulas sin dientes y los cuellos delgados y livianos de algunos celurosaurios les permitían alimentarse de vegetación o recoger presas pequeñas. Algunos celurosaurios —como el velocirráptor y sus parientes más famosos— se modificaron para usar sus patas flexibles y con garras afiladas como armas principales. Las aves han desarrollado una diversidad fenomenal de estilos de forrajeo y alimentación, que incluyen la filtración con un pico modificado, el consumo de frutas, la exploración de la tierra, la insectivoría y el uso de las patas con garras similares a los del velocirráptor.

Véase también: alosauroides; ceratosaurios; celurosaurios; megalosauroideos; tetanuros

Tetanuros

Clado importante de terópodos —técnicamente Tetanurae— al principio nombrada como el grupo hermano de Ceratosauria, y destinada a contener megalosauroides, alosauroides, y celurosaurios... aunque sigue leyendo. El nombre Tetanurae fue publicado por Jacques Gauthier en un estudio de 1986 que contribuyó a consolidar nuestra comprensión moderna de la evolución de los dinosaurios. El nombre significa «colas rígidas» y se refiere a la presencia de procesos superpuestos en las vértebras de la cola que rigidizan el tercio final. Un nombre que pretendía incluir el mismo conjunto de animales —Dinoaves— fue publicado por Bakker en 1986, pero nunca se popularizó.

Una lista de características anatómicas típicas de los tetanuros incluye: los dientes están todos delante de la cuenca del ojo; las aberturas llenas de aire en el costado del hocico son más extensas que las de los terópodos más arcaicos; los huesos del cuarto dedo están reducidos; la mano es proporcionalmente larga y la escápula es delgada. Como es habitual, muchas de estas características fueron modificadas en ciertas ramas más tarde en su historia. En ese sentido, solemos imaginar a un tetanuro típico como un animal depredador grande, de unos siete metros de largo, como el *Megalosaurus* o el alosaurio. Pero el grupo también incluye a los celurosaurios, cuya diversidad en tamaño, forma y estilo de vida supera a la de los demás terópodos juntos.

En la cola de los tetanuros, las protuberancias óseas que se proyectan lateralmente, llamadas *procesos transversales*, continúan por menos longitud de la cola que en otros dinosaurios. El punto en el que los procesos transversales desaparecen —conocido como *punto de transición*— se acercó gradualmente al cuerpo durante la evolución de los tetanuros. La posición de este punto está relacionada con la extensión del llamado *caudofemoralis longus* (CFL). Este es un músculo enorme, que se une tanto al saliente óseo en el fémur, nombrado *cuarto trocánter*, como a la superficie inferior del esqueleto de la cola, y que se encarga de jalar la pierna hacia atrás durante la locomoción. La reducción del CFL es especialmente notoria en los celurosaurios. Con el tiempo, toda la cola se redujo, una tendencia que llegó a su extremo en las aves.

Como se mencionó previamente, Tetanurae pretendía ser sinónimo del clado «megalosauroides, alosauroides, celurosaurios». Sin embargo, en años recientes, ha habido una tendencia a expandir su uso para incluir tanto a los ceratosaurios como a los abelisáuridos dentro de los etanuros. No creo que esto sea ideal, pero así es.

Véase también: alosauroides; ceratosaurios; celurosaurios; megalosauroideos

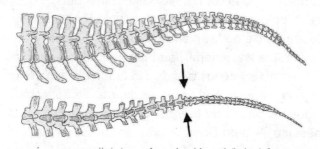

ESQUELETO DE LA COLA DE UN TETANURO VISTA DE LADO. ABAJO SE VE EL ESQUELETO DESDE ARRIBA PARA MOSTRAR LA UBICACIÓN DEL PUNTO DE TRANSICIÓN

Tiranosauroides

Clado de celurosaurios, técnicamente llamado Tyrannosauroidea y a veces denominado *dinosaurios tiranos*, que incluye a *T. rex* y sus parientes grandes de brazos cortos (los tiranosáuridos), además de a varias especies más pequeñas de brazos más largos. Los tiranos más familiares son animales del Cretácico tardío, pero los más antiguos son del Jurásico medio. Estos tiranos más antiguos incluyen a *Proceratosaurus*, de Inglaterra, y *Kileskus*, de Rusia. Ambos son parte del clado arcaico Proceratosauridae, cuyos integrantes tenían cuernos o crestas nasales.

Las características clave de los tiranos incluyen dientes en forma de incisivos en la parte delantera de la mandíbula superior, una línea media reforzada y engrosada en la parte superior del hocico, y extremidades traseras largas y delgadas. Varias tendencias son evidentes en la evolución de los tiranos: el tamaño del cuerpo aumentó, el cráneo se hizo más grande y más poderoso, y las extremidades anteriores se redujeron de tamaño y cambiaron de la configuración ancestral de tres dedos a una de dos dedos. Estos cambios indican una mayor dependencia de las mandíbulas y los dientes, y de la mordedura en general. También indican una disminución en el uso de los brazos. Sin embargo, sería engañoso considerar que estas tendencias se aplicaban a todos los clados de tiranos. Varios tiranos de tamaño mediano —como *Dryptosaurus* del Cretácico tardío de Nueva Jersey (que medía aproximadamente siete metros y medio de largo)— mantuvieron extremidades anteriores poderosas y garras formidables. Los filamentos largos conservados en *Dilong* y *Yutyrannus* (ambos de la provincia de Liaoning en China) muestran que algunos tiranos tenían plumas o pelaje, y se sigue debatiendo sobre si esto fue cierto para gigantes como *T. rex*.

Los tiranos del Jurásico y el Cretácico Temprano generalmente tenían menos de tres metros de largo y eran en su mayoría depredadores de nivel medio que vivían en hábitats dominados por megalosauroides y alosauroides. Un evento de extinción que ocurrió alrededor de hace 95 millones de años en el medio del Cretácico eliminó a la mayoría de esos grupos, y parece que permitió a los tiranos desarrollar un tamaño más grande y ocupar roles de superdepredadores. Pero, lo siento: no se abrieron paso hasta la cima por ser inherentemente impresionantes.

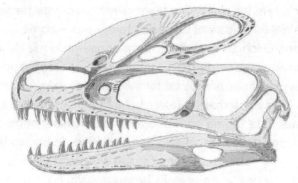

**CRÁNEO CRESTADO
DEL PROCERATOSÁURIDO *GUANLONG***

Antes de la década de los noventa, se pensaba que los tiranos estaban relacionados de manera estrecha con los alosauroides, y que las características compartidas, como un cráneo proporcionalmente grande, unían a estos depredadores en un grupo llamado Carnosauria. Sin embargo, los tiranos en realidad son más parecidos a dinosaurios avestruz y a otros terópodos ligeros en los detalles neumáticos de sus vértebras y las proporciones delgadas de sus patas, por lo que una perspectiva diferente —que los catalogó en Coelurosauria— surgió alrededor de 1996. Esto había sido propuesto allá por los años veinte por Friedrich von Huene en Alemania, e independientemente por William D. Matthew y Barnum Brown en Estados Unidos, pero cayó en desuso a mediados del siglo xx. Desde entonces se ha confirmado en numerosos estudios, la mayoría de los cuales concluye que los tiranos son uno de los clados de celurosaurios más antiguos.

Un sinfín de descubrimientos realizados desde 2001 ha añadido una gran complejidad al árbol genealógico de los tiranos. Los proceratosáuridos están fuera del

clado que incluye varios taxones relativamente pequeños del Jurásico y el Cretácico temprano —como *Jura-
tyrant*, *Dilong*, *Eotyrannus*, entre otros— además de los
eutiranosaurios de gran tamaño. Los eutiranosaurios
incluyen varios tiranos de tamaño mediano de América
del Norte, además de la verdadera familia Tyrannosauridae. Esta última contiene a los albertosaurianos de
América del Norte, al *Alioramus* asiático de hocico largo, y los robustos *Daspletosaurus* y tiranosaurios de
América del Norte, y el *Tarbosaurus* asiático. Un enigmático clado de terópodos de los continentes de Gondwana, los megaraptores, también podrían ser miembros
de Tyrannosauroidea. Hay tanto que decir sobre los
megaraptores que tienen su propia sección en el libro.
   Véase también: celurosaurios; megaraptores

Tireóforos
Los ornitisquios acorazados y blindados —como los anquilosaurios, los estegosaurianos, y sus parientes más
cercanos— están unidos dentro de Thyreophora, que
significa «portadores de armadura». La mayoría de los
tireóforos eran cuadrúpedos y, con una o dos excepciones, herbívoros. Las excepciones a la regla cuadrúpeda
son los miembros más antiguos del grupo. Entre ellos
se encuentra *Scutellosaurus* del Jurásico temprano de
Estados Unidos, un dinosaurio pequeño, de constitución liviana, ligeramente blindado y de cola larga. Un
segundo ejemplo posible es el *Lesothosaurus* del Jurásico temprano del sur de África, un dinosaurio pequeño,
bípedo y sin armadura. En un estudio de 2008 se encontró que *Lesothosaurus* es un tireóforo cercano al
ancestro de todo el clado. Si esto es verdad, ya no todos los tireóforos estarían blindados.

Exceptuando al lesothosaurio, los tireóforos comparten filas paralelas de huesos cubiertos de cuernos, llamados *osteodermos*, ubicados a lo largo de la superficie superior y los lados del cuello, cuerpo y cola. Estos se modificaron considerablemente durante la evolución, de modo que algunos clados de tireóforos desarrollaron grandes espinas en los hombros, así como placas óseas gigantes que se proyectaban hacia arriba, entre otras estructuras. Es evidente que no todos estos osteodermos, diversos y modificados, tenían la misma función. Algunos —como los rectangulares y cercanamente espaciados de muchos anquilosáuridos—funcionaban probablemente como protección contra los terópodos, pero es posible que otros hayan sido utilizados en exhibiciones de apareamiento o durante batallas; en la recolección o disipación de calor; en camuflaje, o incluso en excavación o búsqueda de alimento. Los rinocerontes, ciervos y elefantes utilizan cuernos, astas y colmillos para romper ramas y desprender corteza; podría ser que las espinas de los tireóforos se usaran de manera similar.

Tireóforos de muchos tipos han sido identificados por la ciencia desde finales del siglo XIX. De hecho, *Scelidosaurus* del Jurásico temprano de Inglaterra fue el primer dinosaurio no aviar conocido a partir de un esqueleto articulado completo, nombrado por Richard Owen en 1859, cuando el concepto de dinosaurios aún era nuevo. *Scelidosaurus* se puede imaginar, en esencia, como una versión más robusta, más extensamente blindada y agrandada del escutelosaurio (el escelidosaurio medía alrededor de cuatro metros de largo, en comparación con los 1.2 metros del escutelosaurio), y es probable que estuviera cerca del linaje tanto de estegosaurianos como de anquilosaurios. Estos dos grupos fueron frecuentemente clasificados juntos durante los siglos XIX y principios del XX. Por un tiempo, una idea popular fue que los anquilosaurios eran estegosaurianos que sobrevivieron durante más años. Hoy en día pensamos que los estegosaurianos y los anquilosaurios compartieron un ancestro que debió haber vivido durante el Jurásico temprano, hace alrededor de 175 millones de años.

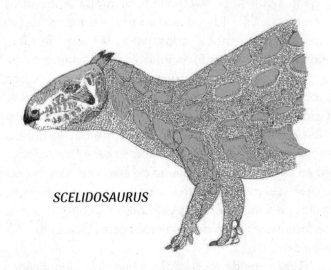

SCELIDOSAURUS

Cuando se trata de la posición evolutiva de los tireóforos en conjunto, la visión popular durante gran parte del siglo XX era que habían surgido temprano en la historia de los dinosaurios a partir de ornitisquios considerados en ese momento como ornitópodos. En 1915, el paleontólogo húngaro y noble Baron Franz Nopcsa propuso que los anquilosáuridos, estegosaurianos y ceratopsios deberían clasificarse juntos en un grupo llamado Thyreophora. Su propuesta fue básicamente ignorada hasta los años ochenta. Varios estudios —la mayoría publicados entre 1984 y 1986— «redescubrieron» Thyreophora, aunque en una forma que excluye a los ceratopsios. Trabajos más recientes han confirmado esta visión y establecido que los tireóforos representan una gran rama del árbol genealógico de los ornitisquios muy diferente de la que incluye a los marginocéfalos y los ornitópodos.

Véase también: anquilosáuridos; estegosaurianos; ornitisquios

Titanosaurios

Clado de saurópodos más numeroso, exitoso y extendido. Los titanosaurios reciben su nombre de *Titanosaurus*, conocido en 1877 por una vértebra de cola del Cretácico tardío hallada en la India. Esta vértebra es interesante porque es procélica, lo cual significa que es cóncava en la parte frontal y convexa en la parte trasera, lo que resulta en la presencia de articulaciones en forma de rótulas entre las vértebras. Gracias a esta configuración, se ha sugerido que los titanosaurios tenían colas flexibles, incluso prensiles. Dichas ideas no son favorecidas hoy en día porque ignoran los músculos y los otros tejidos que rodearían a los huesos. Vértebras de este tipo, conocidas en Inglaterra, Francia, Argentina y otros lugares, resultaron estar presentes en varios taxones de titanosaurios. Como consecuencia, el titanosaurio original no es actualmente reconocido como un taxón válido.

Afortunadamente hay otros miembros del clado, con y sin vértebras de cola procelosas que son bien conocidos en comparación con este. Estos incluyen al dinosaurio de cuello largo *Rapetosaurus* de Madagascar, *Saltasaurus* de Argentina y al robusto *Opisthocoelicaudia* de Mongolia. ¡Ah sí! Ese nombre: *Opisthocoelicaudia* fue nombrado así por sus vértebras de cola. Estas son opistocélicas, lo que significa que son cóncavas en la parte posterior y convexas en la parte frontal, ¡lo opuesto a lo observado en el espécimen original de *Titanosaurus*! Todos los titanosaurios mencionados hasta ahora son del Cretácico tardío, pero conocemos probables taxones del Cretácico temprano en Brasil, Malaui, Rusia y Europa.

Debido a que la mayoría de los titanosaurios proviene de los continentes de Gondwana, se cree de manera general que el clado se originó en el sur y solo se movió hacia el norte (hacia América del Norte, Europa y Asia, aparentemente de manera independiente) al final del Cretácico. Sin embargo, un creciente registro de titanosaurios euroasiáticos de la primera mitad del Cretácico está desafiando esa visión y, al momento de escribir esto, aún no está del todo clara la historia detrás de esto.

La forma del árbol genealógico de la familia de los titanosaurios es confusa. Taxones arcaicos con vértebras relativamente simples, andesauroides y sus parientes se encuentran fuera del clado Lithostrotia, que incluye aquellos titanosaurios con protuberancias óseas cubiertas de cuerno en su piel u osteodermos (el nombre Lithostrotia significa «incrustado con piedras»); abundaremos más sobre este tema en un momento. Se han nombrado numerosas subdivisiones dentro de Lithostrotia. Entre las más mencionadas están Lognkosauria, cuyos miembros se caracterizan por sus vértebras anchas y engrosadas, y Saltasauridae, un clado que contiene taxones sudamericanos pequeños y de tamaño mediano y, probablemente, a *Alamosaurus* de América del Norte y a *Opisthocoelicaudia* de Asia.

Los titanosaurios variaban enormemente en tamaño, los más pequeños eran similares al ganado o a caballos modernos, y los más grandes estaban entre los saurópodos más grandes. *Argentinosaurus*, *Patagotitan*, *Notocolossus* y otros supergigantes (todos los cuales probablemente pertenecen a Lognkosauria) medían alrededor de 30 metros de largo y pesaban entre 40 y 100 toneladas. La mayoría de los titanosaurios tenía caderas y cuerpos anchos, con manos y patas más separadas que otros saurópodos. Esto se ha confirmado gracias a rastros que muestran las huellas de pasos de gran amplitud. Las formas de los huesos de las extremidades y los sitios de inserción muscular indican que los titanosaurios eran comparativamente ágiles, capaces de atravesar terrenos montañosos y erguirse en bipedestación.

Los titanosaurios variaron mucho en la forma del cráneo, proporciones de las extremidades, así como en

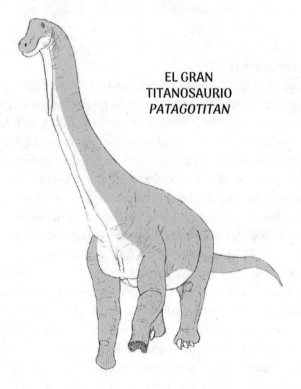

**EL GRAN
TITANOSAURIO
*PATAGOTITAN***

la longitud del cuello y la cola. El material craneal bien conservado es raro, pero los especímenes bien preservados revelan un hocico ancho y redondeado que es mucho más superficial que la sección que alberga los ojos y el cerebro. Los dientes son delgados y poseen forma de lápiz en algunos taxones, pero son más anchos en otros. Como se mencionó anteriormente, los titanosaurios dentro de Lithostrotia poseían osteodermos ovalados o redondeados en la espalda y los costados. La función de estas estructuras no está definida. Es posible que hayan desempeñado un papel defensivo, pero una alternativa es que estos dinosaurios las aprovecharan como una reserva de calcio (específicamente las hembras) para la producción de la cáscara de huevo.

Véase también: macronarios

Turiasaurios

Clado de saurópodos reconocido en épocas recientes —técnicamente Turiasauria— que originalmente se pensaba exclusivo del Jurásico de Europa. Turiasauria recibe su nombre por *Turiasaurus* del Jurásico tardío de España, que, cuando se publicó en 2006, recibió mucha cobertura mediática: con una longitud posible de 30 metros, es uno de los saurópodos más grandes de todos. Sin embargo, proviene de España y no de Argentina como generalmente se espera para los megasaurópodos. El turiasaurio tiene fosas nasales enormes, una gran cresta ósea en la parte superior de su húmero, y vértebras que carecen de algunas de las estructuras óseas y ciertas estructuras presentes en otros grupos de saurópodos. Estas características sugieren que los turiasaurios no forman parte de Neosauropoda, el gran clado que incluye a diplodocoides y macronarianos.

Sin embargo, esas grandes fosas nasales les brindan un aspecto similar a los macronarianos, y es posible que resulten ser parte de ese clado.

Los dientes de los turiosaurios son espatulados. Los de la parte posterior de las mandíbulas tienen coronas inusuales que tienen la vaga forma de un corazón invertido, con la parte puntiaguda como el ápice de la corona.

Otros dos saurópodos españoles —*Losillasaurus* y *Galveosaurus*— también parecen ser turiasaurios, y un cuarto taxón (*Zby* de Portugal) fue nombrado en 2014. ¿Podrían los turisaurios ser endémicos de la península ibérica? Eso sería compatible con la geografía de la región en ese momento, la cual era semejante a un archipiélago... pero no. Hoy en día sabemos de turiasaurios del Jurásico medio de Inglaterra, del Jurásico tardío de Suiza, del Cretácico temprano de Estados Unidos y del Wealden. También parece que *Tendaguria* de... Tendaguru, obviamente —antes considerado un titanosaurio ocuasititanosaurio— es también un turiosaurio. El hecho de que los turiosaurios se conozcan desde el Jurásico medio prueba que estaban presentes antes de la fragmentación del supercontinente Pangea, por lo que podrían haber estado distribuidos globalmente.

Véase también: diplodócidos; macronarios

Tyrannosaurus rex

Pocos animales son tan populares como para que su nombre científico completo sea de dominio público. La *Boa constrictor* (es decir, la boa común) es uno de ellos; *Tyrannosaurus rex* es el otro.

T. rex debe su fama, en parte, a la casualidad. Fue de los primeros dinosaurios descubiertos en la historia paleontológica; las primeras descripciones que se hicieron de él las realizaron los científicos que adoraban la promoción vigorosa de sus descubrimientos (me refiero al influyente Henry F. Osborn, quien nombró la especie); los primeros estudios del espécimen se desarrollaron en uno de los museos más financiados y famosos del mundo, el Museo Americano de Historia Natural de Nueva York; y se le dio un impresionante nombre, que es divertido y fácil de recordar y abreviar. La primera publicación sobre *T. rex* apareció en 1905, como uno de los dos especímenes originales —uno de Wyoming y uno de Montana— descubierto por el famoso científico y buscador de fósiles Barnum Brown.

Por otra parte, se debe reconocer que *T. rex* merece su fama. Realmente fue y es un animal impresionante: un gigante superpoderoso con una fuerza de mordida fenomenal con capacidad para matar y desmembrar presas gigantes, y habilidades sensoriales excelentes. Los especímenes más grandes, como Sue, del Museo Field de Chicago, medían alrededor de 13 metros de largo y pesaban entre ocho y 14 toneladas (las estimaciones difieren según la técnica de medición).

Es fácil ver al tiranosaurio rex como la culminación de su linaje: como la última y definitiva floración de una larga línea de depredadores que se volvieron más grandes, más poderosos y más dedicados a la caza de presas gigantes. Osborn y Brown ciertamente veían al *T. rex* de esa manera. Sin embargo, hoy en día pensamos que las cosas son más complejas. El tiranosaurio rex y sus parientes no fueron descendientes directos de depredadores grandes anteriores (como los alosauroides), sino que tuvieron sus raíces en pequeños celurosaurios.

Los estudios detallados, que involucran tomografías computarizadas, modelado computacional y análisis matemáticos de diversos tipos, han permitido que los científicos determinen el volumen muscular, las habilidades potenciales para correr, el tamaño de los ojos, las capacidades auditivas, la anatomía cerebral, la fuerza de mordida, la tasa de crecimiento y muchas más características de este animal. Este trabajo —que rutinariamente es reportado tanto por la prensa popular como en conferencias académicas— hace que *T. rex* sea uno de los dinosaurios no aviares mejor comprendidos. Tenía visión, olfato y oído agudos, vivía alrededor de 30 años, experimentaba un aumento en su volumen y robustez durante la última etapa de su adolescencia, probablemente caminaba largas distancias de manera eficiente y era capaz de avanzar en ráfagas veloces y de matar con una fuerza de mordida fenomenal. Su cuerpo estaba mayormente cubierto de piel escamosa, pero es posible que partes de su superficie superior tuvieran plumas similares a cabello. Aún existe incertidumbre sobre su vida social, pero las huellas y los esqueletos asociados conocidos de *Tarbosaurus*, su pariente asiático, sugieren que podría haber vivido en familia.

El número considerable de estudios centrados en el tiranosaurio rex que han aparecido en las últimas décadas sugiere que está sobreestudiado en comparación con otros dinosaurios no aviares. Una apreciación más justa sería que su naturaleza extrema —es uno de los mayores bípedos de todos los tiempos, tiene una de las mandíbulas más fuertes, dientes de mayor tamaño, ojos más grandes, etcétera, de entre todos los animales terrestres que jamás han existido— lo convierte en un objeto de estudio inevitable; un «organismo modelo». Además, al momento de solicitar financiamiento para un estudio en relación con él, es imposible que se lo nieguen debido a su estupenda fama, popularidad y nombre universalmente conocido.

Véase también: celurosaurios; Sue; tiranosauroides

W

Wealden

Famosa serie de lutitas, limolitas y areniscas del Cretácico del sureste de Inglaterra — en particular de Sussex Oriental y de la Isla de Wight— que ha brindado una fauna históricamente importante de dinosaurios y otros fósiles. El Wealden (correctamente llamado el Supergrupo Wealden) incorpora sedimentos depositados entre las partes Berriasianas y las del Aptiano temprano del Cretácico inferior: es decir, de alrededor de 145 a 120 millones de años. El Wealden incluye muchas subdivisiones que revelan numerosos cambios ambientales. Sedimentos de llanuras aluviales, sabanas, bosques de coníferas, pantanos y lagunas están representados. No se debe pensar que los fósiles del Wealden pertenecen a un único ambiente o fauna. En cambio, son una gran cantidad de comunidades de animales y plantas que vivieron en diferentes momentos y en distintos hábitats.

Los dinosaurios de Wealden fueron importantes en la historia temprana de la investigación sobre estos animales. Dos miembros fundadores del grupo Dinosauria de Owen —*Hylaeosaurus e Iguanodon*— son del Wealden, al igual que algunos restos cruciales para las primeras ideas sobre saurópodos y terópodos. Asimismo, el ornitópodo del Wealden, *Hypsilophodon*, publicado en 1869, desempeñó un papel importante en la conexión entre las aves y otros dinosaurios.

También se han realizado descubrimientos emocionantes en décadas recientes. Uno de los espinosáuridos mejor comprendidos del mundo —*Baryonyx*— fue descubierto en el Wealden durante los años ochenta, y un tiranosáurido temprano —eotirano— fue reportado en el Wealden en 2001. La presencia de diplodocoides rebaquisáuridos en el Wealden fue demostrada a principios del siglo XXI, y la existencia de una variedad de pequeños terópodos fue probada recientemente gracias a nuevos estudios de microvertebrados. Al momento de escribir esto, la investigación sobre anquilosaurios, espinosáuridos y tiranosauroides del Wealden está en curso. En este sentido, existe una vasta literatura sobre los dinosaurios de esta zona. La publicación definitiva es *Dinosaurs of the Isle of Wight* (Dinosauros de la isla de Wight), realizada por David Martill y por mí, en 2001.

ANQUILOSAURIO
POLACÁNTIDO
DE WEALDEN

La mayor parte de los dinosaurios del Wealden proviene de la Formación Wessex, una unidad sedimentaria principalmente Barremiana que data de entre 130 a 125 millones de años atrás, expuesta con más claridad en los acantilados y costas del suroeste de la Isla de Wight. El anquilosaurio *Polacanthus*, los ornitópodos hipsilofodonte e iguanodonte, y los terópodos neovénator y eotirano provienen de la Formación Wessex. Los dinosaurios de las partes más antiguas del Wealden son menos familiares e incluyen al anquilosaurio hilaeosaurio, a los iguanodontianos barilium e hipselospino, y a los misteriosos terópodos *Altispinax* y *Valdoraptor*.

Véase también: espinosáuridos; *Iguanodon*; Owen, Richard

Agradecimientos

Tanto mi conocimiento sobre los dinosaurios como el contexto más amplio en el que los imaginamos y los interpretamos como sociedad se han ido desarrollando durante décadas. Debo agradecer a las muchas personas que me han ayudado a recopilar información así como a aprender y construir mis opiniones. Gracias a Paul Barrett, Roger Benson, Steve Brusatte, Pete Buchholz, Andrea Cau, John Conway, Tom Holtz Jr., Dave Hone, Jim Kirkland, David Lambert, Dave Martill, Ellinor Michel, George Olshevsky, Kevin Padian, Greg Paul, Luis Rey, Emily Rayfield, Ron Séguin, Mike Taylor, Will Tattersdill, David Unwin, Mathew Wedel, Sarah Werning y Mark Witton. Mi conocimiento sobre el Museo de Dinosaurios de Zigong se lo debo, en parte, a Don Lessem. Agradezco a Robert Kirk por su apoyo incondicional y ayuda, a los dos revisores anónimos que me proporcionaron comentarios que ayudaron a mejorar el texto, a Lucinda Treadwell por la corrección de pruebas, y a Denver Fowler, Martin Simpson, Mike Taylor y Mathew Wedel por sus sugerencias. Agradezco a mi hermano Gavin por decirme las palabras correctas y también a Toni, Will y Emma. Por último, a Mochi, el gato, que me «ayudó» a teclear el manuscrito.

Índice

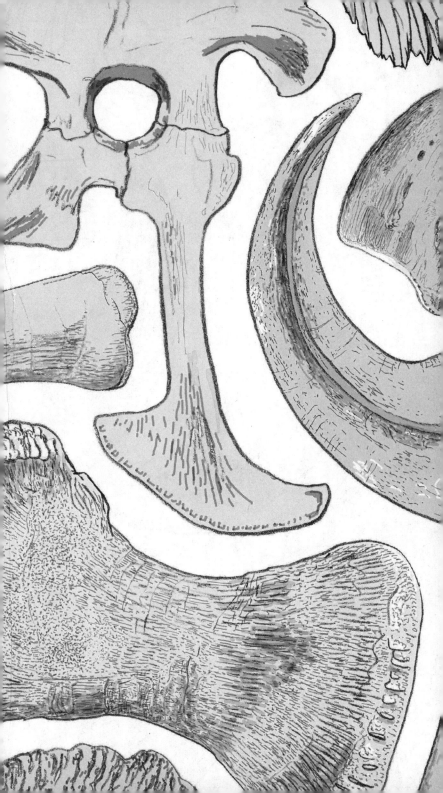

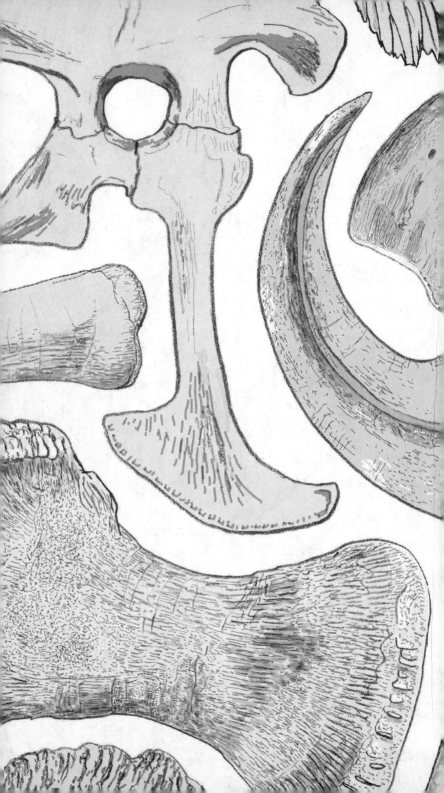